中国語の程度表現の
体系的研究

時 衛国 著

白帝社

まえがき

　私が日本語を学ぶようになって、いつも気になっていたことは、日本語と中国語の微妙な差異についてであった。その微妙な違いに私は常に関心を持ち続けてきたというより、常に私を悩まし続けてきた問題だといっていいかも知れない。

　二国間の言語の差異の理解は、外国語を習得する上で、当然のことながら、それほど単純な問題ではない。国民性、生活習慣、歴史、伝統、自然環境、人種や民族の問題、使用文字等の差異が言語には直接間接に影響しているからである。

　原始、人々はどのようにして言葉を生み出したのか。中国と日本について言えば、二つの国の言語の交流はどのようにしてなされたのか。一衣帯水とはよくいわれるけれども、最初に出会った中国人と日本人はどのようにして言葉を交わしたのか。意思の疎通はどのようになされたのか。漢字はどのようにして日本に伝達されたのか。

　私が日本語を学び始めてまず関心を持ったのは、その修飾機能についてであった。日本語と中国語の修辞法の内容、微妙な修飾構造、修飾語による感情の表現等は、私を日本語研究に引き込んでいった大きな要因であったと思う。

　その後、大学で本格的に日本語を研究するようになり、翻訳や通訳の作業に携わるようになって、中国と日本の言語を移し変えることは、それほど簡単な作業ではないことを思い知らされた。ものを右から左へ移動するように、言葉はすんなりと行動してはくれない。様々な困難な問題に直面した。

　日本の大学院で、私は日本の現代文学を研究しながら、日本語の修飾語の構造についても研究するようになった。日本語の修飾語は活用するものとしないものがあり、副詞と形容詞、形容動詞は中国語にない文法

構造を持っている。

　その後、日本の現代文学のいくつかを中国語に翻訳する作業を行う中で、日本語は修飾語の美しさが日本文学の美しさの重要なポイントになっていることを知るようになった。それを中国語で美しい表現として中国人に理解してもらうことの困難さは、私の日本語の力量では及びもつかないものであった。

　そうしているうちに、私は中国語の修飾語の研究も、日本語研究には欠かせぬものであることに気付かされるようになった。私の中国語の修飾語の研究は、日本語の修飾語との対照研究へと発展して行き、私の大学院での大きな研究テーマとなった。

　今回ここに取り上げた中国語の程度表現の体系的研究は、中国語の程度副詞が持っている共通点は何か、またそれぞれの副詞が持っている相違点は何かということをテーマとしたものである。そうして中国語の多様な程度表現の実態を考察していく中で、特に言及はしてないが、日本語と中国語との程度表現の差異を推理していただければ、筆者としての本望と考えている。

　この他、修飾語について考えていく中で、話す行為、即ち音声による感情の加わった表現も重要なのであるが、それは今後の大きなテーマと考えている。言語は形態の上での分析で可とするわけにはいかない。人が話すことによって働きを示すものである。話者の感情を抜きには考えられない。学問の世界は果てしなく広がっていて、私の日本語研究も無限の広野に立ち向かっていく思いである。

2011年10月

著　者

目 次

まえがき ………………………………………………………… 3
本研究の表記について ………………………………………… 9

序　章　課題と方法 …………………………………………… 11
1. 概観 ………………………………………………………… 11
2. 本研究の課題と方法 ……………………………………… 15
3. 本研究の目的と意義 ……………………………………… 18

第一章　否定命題への修飾 …………………………………… 21
1. 概観 ………………………………………………………… 21
  1.1. はじめに ……………………………………………… 21
  1.2. 先行研究 ……………………………………………… 23
  1.3. 本章の課題 …………………………………………… 24
2. 被修飾語についての分類 ………………………………… 25
  2.1. 形容詞 ………………………………………………… 26
  2.2. 動詞と動詞的フレーズの場合 ……………………… 29
3. 分析 ………………………………………………………… 33
  3.1. 非特定的修飾 ………………………………………… 33
  3.2. 特定的修飾 …………………………………………… 44
  3.3. 意味的特徴 …………………………………………… 49
4. まとめ ……………………………………………………… 62

第二章　被修飾語の重ね型への修飾 ･････････････････････････ 65
1.　概観 ･･･ 65
1.1.　はじめに ･･･ 65
1.2.　先行研究 ･･･ 67
1.2.1.　程度副詞について･････････････････････････････････ 67
1.2.2.　形容詞の重ね型についての分類･････････････････････ 68
1.3.　本章の課題 ･･･ 70
2.　分析 ･･･ 71
2.1.　ＡＡ式 ･･･ 72
2.2.　ＡＢＢ式 ･･･ 75
2.3.　ＡＢＣ式 ･･･ 79
2.4.　ＡＸＹＺ式 ･･･ 80
2.5.　Ａ里ＡＢ式 ･･･ 81
2.6.　ＡＢＡＢ式 ･･･ 83
2.7.　ＡＡＢＢ式 ･･･ 85
2.8.　ＢＡＢＡ式 ･･･ 89
2.9.　他の程度副詞との関係･････････････････････････････････ 90
3.　まとめ ･･･ 94

第三章　被修飾語への量的修飾 ･････････････････････････････ 99
1.　概観 ･･･ 99
1.1.　はじめに ･･･ 99
1.2.　先行研究 ･･･ 101
1.3.　本章の課題 ･･･ 101
2.　分類 ･･･ 102
3.　分析 ･･･ 108

3.1. 状態量を修飾する程度副詞 ·· 108
　3.2. 動作量を修飾する程度副詞 ·· 111
　　3.2.1. 制御性を持つ程度副詞 ·· 111
　　3.2.2. 制御性を持たない程度副詞 ·· 116
　3.3. 量的修飾の表現形式 ·· 120
4. まとめ ·· 123

第四章　修飾語どうしの共起による複合的修飾 ·················· 127
1. 概観 ··· 127
　1.1. はじめに ·· 127
　1.2. 先行研究 ·· 129
　1.3. 本章の課題 ··· 129
2. 分析 ··· 130
　2.1. A類の程度副詞＋B類の程度副詞 ·· 132
　2.2. B類の程度副詞＋A類の程度副詞 ·· 137
　2.3. B類の程度副詞＋B類の程度副詞 ·· 141
　2.4. A類の程度副詞＋A類の程度副詞 ·· 146
　2.5. 文法的特徴 ··· 150
3. まとめ ·· 151

第五章　被修飾語への後置的修飾 ···································· 155
1. 概観 ··· 155
　1.1. はじめに ·· 155
　1.2. 先行研究 ·· 157
　1.3. 本章の課題 ··· 158
2. 分析 ··· 159

2.1. 後置的用法の分布・・・・・・・・・・・・・・・・・・・・・・・・・・・・・・・・・・・・159
　2.2. 後置的用法の共起制限・・・・・・・・・・・・・・・・・・・・・・・・・・・・・・・164
　　2.2.1. "很""极"・・・・・・・・・・・・・・・・・・・・・・・・・・・・・・・・・・・・・164
　　2.2.2. 連体修飾構造における場合・・・・・・・・・・・・・・・・・・・・167
　　2.2.3. "非常""异常""无比""万分""绝顶"・・・・・・・・・170
　2.3. 後置的用法の限界・・・・・・・・・・・・・・・・・・・・・・・・・・・・・・・・・・173
　2.4. 後置的用法の意義と役割・・・・・・・・・・・・・・・・・・・・・・・・・・・175
3. まとめ・・・177

終　章　結　論・・・・・・・・・・・・・・・・・・・・・・・・・・・・・・・・・・・・・・・181
1. 程度配置の方法・・・・・・・・・・・・・・・・・・・・・・・・・・・・・・・・・・・・・・181
2. 肯定命題と否定命題への修飾・・・・・・・・・・・・・・・・・・・・・・・・・182
3. 被修飾語の原形と重ね型への修飾・・・・・・・・・・・・・・・・・・・・183
4. 前置的修飾と後置的修飾の関係・・・・・・・・・・・・・・・・・・・・・・・184
5. 動態と静態への修飾・・・・・・・・・・・・・・・・・・・・・・・・・・・・・・・・・・185
6. 程度修飾と量的修飾の相違・・・・・・・・・・・・・・・・・・・・・・・・・・・186
7. 被修飾語への複合的修飾・・・・・・・・・・・・・・・・・・・・・・・・・・・・・187

注釈・・・191
初出一覧・・198
参考文献・・198
索引・・・204
あとがき・・209

本研究の表記について

● 日本語文中の中国語の単語や文については" "で示した。作例で本研究の考察語となる程度副詞を並べる時には{ / / }を使用し、ただそれ以外の例文では置き換えられる程度副詞として、該当する考察語の直後に(/ /)を使用した。中国文の日本語訳は( )で示した。

● 書名や雑誌名について、中国語で表記したものは《 》、日本語で表記したものは『 』を使用した。なお、論文や短い文については、中国語で表記したものは< >、日本語で表記したものは「 」で示した。

● 中国語については制定された簡体字で記した。

● 中国語の例文については、参考として日本語訳を付したが、文法的な説明に関しては中国文の方を参考にしていただきたい。

● 本研究では自然な例文(作例)として成立するものは「○」で示した。まったく成立しないものは「*」で示した(ただし表に使われる場合は「×」で示した)。成立するかどうか判定し難く、非常に不自然な感じを与えるものは「??」で示した。成立するが、やや不自然な感じを与えるものは「?」で示した。程度副詞と被修飾語(動詞・形容詞など)との共起状況について表にまとめる際に、一部の被修飾語としか共起できないものについては「△」で示した。

序　章
課題と方法

1.　概観

　中国語の程度表現を考察すると様々な要素から構成されているが、主として程度の大小・量の多寡を表わすいわゆる程度副詞によって担われている。たとえば、

(1)　门里边是一个院子，<u>相当</u>大，正对着大门的是一座公共厕所，虽然简陋，面积却着实不小。(正門の中は庭になっており、かなり広い。その正門の真正面には公衆便所があり、みすぼらしいものの、面積はそれほど小さくはなかった)(李红旗〈在社会上〉《2004中国年度中篇小说(下)》p.50 漓江出版社 2005)

(2)　听了我的话，赵长贵大爷<u>非常</u>吃惊，显出一副大惑不解的样子。(私の話を聞くと、趙長貴さんは大層驚いてしまって、理解に苦しむような表情をあらわにした)(李红旗〈在社会上〉《2004中国年度中篇小说(下)》p.63 漓江出版社 2005)

(3)　那天晚上罗保春很高兴，喝得<u>稍稍</u>多了<u>点</u>，但没醉。(その夜、羅保春はとても嬉しかったので、少し(お酒を)飲み過ぎてしまったが、しかし酔ってはなかった)(海岩《拿什么拯救你 我的爱人》p.217 作家

出版社 2001)

(4) 王琦瑶<u>更</u>有些糊涂,却作出懂的样子,可不一会儿又很担心地问,戏是几点开场,会不会迟到了。(王琦瑶はよけいに訳が分からなくなっていたのに、分かっているような表情をとりつくろった。しかし暫くして、「何時から開場ですか。遅れることはありませんか」と、またとても心配そうに聞いていた)(王安忆《长恨歌》p.195 作家出版社 1995)

本研究は中国語の程度副詞を主要な研究の対象とし、その程度表現の多様性と特異性について考察することとする。

中国語の程度副詞については、様々な基準によって分類することができる。たとえば、程度が大きいことを表わすのか、それとも程度が小さいことを表わすのか、非特定的比較を表わすのか、それとも特定的比較を表わすのか、などの基準で分類することができる。また、量的語句と共起できるかどうかの基準によっても分類することができる。以下、具体的にそれぞれの分類について示すことにする。

一、意味による分類

中国語の程度副詞はその意味によって、程度の大きいことを表わす程度副詞と程度の小さいことを表わす程度副詞と一定の程度を表わす程度副詞の三つに分類することができる。以下のように示すことができる。

Ⅰ. 程度の大きいことを表わす程度副詞:
太　极　很　非常　十分　相当　特别　格外　分外　尤其　怪
够　蛮　老　好　挺　颇　甚　最　顶　更　还 [1])　越发　愈加
万分　异常　过于　日益　忒　再

Ⅱ．程度の小さいことを表わす程度副詞：
　　稍微　稍稍　稍　稍許　略微　略略　略　多少　有点　有些
　　微微　些微

Ⅲ．一定の程度を表わす程度副詞：
　　較　比較　較比　还₂

ⅠとⅡは対立する関係にあるものだが、Ⅲは両者の中間に位置するものだと考えられる。

二、比較の有無による分類

中国語の程度副詞は、特定的比較を表わすかどうかという基準で分類すると、非特定的比較を表わす程度副詞（Ⅰ）と特定的比較を表わす程度副詞（Ⅱ）と非特定的比較と特定的比較を共に表わす程度副詞（Ⅲ）とに分類することができる。

　Ⅰ．非特定的比較を表わす程度副詞：
　　太　极　很　非常　十分　相当　特別　怪　够　蛮　挺　颇
　　甚　万分　异常　过于　老　好

　Ⅱ．特定的比較を表わす程度副詞：
　　最　顶　更　还　尤其　格外　分外　越发　愈加　日益　比較
　　較比　較　再

　Ⅲ．非特定的比較と特定的比較を共に表わす程度副詞：
　　稍微　稍稍　稍　稍許　略微　略略　略　多少　有点　有些
　　微微　些微

ⅠとⅡは互いに対立したものだが、ⅢはⅠとⅡにまたがるものである。ⅠとⅡは程度の大きいことを表わすのに対し、Ⅲは程度の小さいことを表わす。

三、量的語句との共起可否による分類
また中国語の程度副詞は、量的語句と共起できるのかどうかという基準により、量的語句と共起できる程度副詞と量的語句と共起できない程度副詞の二つに分類することができる。

Ⅰ．量的語句と共起できる程度副詞：
格外　特別　尤　尤其　更　还　比较　较　再　稍微　稍稍
稍　略微　略略　略　多少　太　忒　过于　很　颇　颇为　好

Ⅱ．量的語句と共起できない程度副詞：
非常　十分　相当　极其　极为　极　最　顶　有点　挺　怪
蛮　万分　异常　日益

量的語句と共起できる程度副詞は、程度の大きいことを表わすものと程度の小さいことを表わすものがある。一方、量的語句と共起できない程度副詞は、程度の小さいことを表わすものもあるが、程度の大きいことを表わすものが圧倒的に多い。ⅠとⅡにはいずれも特定的比較を表わすものと非特定的比較を表わすものがある。

以上の三つの分類はそれぞれその基準によって異なっているが、中国語の程度表現や程度副詞の意味・用法を明らかにするには、その分類を頭に入れておかなくてはならない。つまり、中国語の程度表現を理解するには、まず、程度表現の一翼を担うことになる程度副詞の分類を正しく認識することが必要であろう。その分類が分からなければ、程度副詞

の意味・用法については正確に把握することができない。特に程度表現について体系的に研究する時には、それぞれの基準による分類を踏まえて考察することが非常に重要なことだと考える。

2. 本研究の課題と方法

中国語の程度副詞は主として様々な状態の程度性を修飾し、その状態の程度の大小を問題とするものである。肯定の状態を修飾する他に、否定の状態も修飾することができる。また、被修飾語(形容詞)の原形だけでなく、その重ね型を修飾できる程度副詞も存在する。一方、程度副詞は単独で状態の程度性を修飾することができるが、量的語句と共起して状態・動作に含まれた量性を修飾することもできる。さらに、程度副詞どうしが修飾語として共起し、複合的修飾構造を作る時には、話者による評価の多様性を表わすこともできる。これらの用法は被修飾語の前に用いられる前置的修飾という機能だが、その他に、被修飾語の後に用いられる後置的修飾の機能も付与されている。つまり、程度副詞は被修飾語に対しては前置的修飾も後置的修飾もできる品詞である。

以上のような諸問題が明らかにされれば、程度副詞の文法的機能や程度副詞の文中における役割及び程度副詞の修飾語としての意味・用法などを正確に解明することができるだけでなく、被修飾語としての形容詞や動詞及び動詞的フレーズの意味・用法についても究明することができるのではないかと考えている。

そこで、本研究では以下の課題について考察することとする。

　　①否定命題への修飾
　　②被修飾語の重ね型への修飾
　　③被修飾語への量的修飾
　　④修飾語どうしの共起による複合的修飾

⑤被修飾語への後置的修飾

①〜④は、程度副詞の前置的修飾の用法であるが、⑤は程度副詞の後置的修飾の用法である。

上記の課題が解決されれば、程度副詞の被修飾語の様々な形式への修飾、程度性と量性との調和の方法、修飾語としての程度副詞どうしの共起の方法、および程度副詞の後置的修飾への把握等もできるようになると思われる。それで、程度副詞の意味・用法に関して、体系的に追究することが不可欠だと考えている。

ここで考慮したいことは、程度副詞は語によっては否定命題も捉えることができるということである。たとえば、

(5) 外公死后，杨小翼跟妈妈去过一次上海。也许是由于她的心态问题，那次上海之行<u>非常</u>不愉快。（祖父が亡くなってから、楊小翼は母と一緒に上海へ行ったことがある。彼女の心の問題だったかも知れないが、上海への旅行は非常に不愉快だった）（艾伟〈风和日丽〉《收获》2009年第9期 p.176）

(6) 卓霞踏着老式的蜜蜂牌缝纫机，不情愿地为父亲做喜服。母亲去世不满一年，父亲就找人了，这让她心里<u>很</u>不舒服。（卓霞は旧式のミツバチマークのミシンを踏みながら、父のために婚礼用の服を作っていた。母が亡くなって一年も経たないうちに、父は再婚することとなった。そのため、彼女はとても気分が悪かった）（迟子健〈鬼魅丹青〉《小说月刊》2009年第9期 p.6）

のように、"太""极"很"などには否定命題を修飾する機能が付与されているが、"稍微""略微""多少"などには否定命題を修飾する機能が付与されていない。体系的に見れば、"太""极""很"などは肯定命題と否

定命題のいずれをも修飾することができるが、"稍微""略微""多少"などは否定命題を修飾することができない。このことから、程度の大きいことを表わす程度副詞は、肯定命題と否定命題を修飾できるのに対し、程度の小さいことを表わす程度副詞は肯定命題だけを修飾し、否定命題は修飾できないということが分かる。そして、"有点"は否定命題をも修飾できることから、程度の小さいことを表わす程度副詞は、否定命題を修飾することのできるものと否定命題を修飾することのできないものとに分けることができる。

一方、"稍微""略微""多少"は動作をも修飾することができるが、"有点"は状態だけを修飾するから、程度の小さいことを表わす程度副詞は、その表現体系においては役割分担が違うので、修飾の対象も異にしている。このように考察すれば、程度の大きいことを表わす程度副詞は程度性は違うものの、共通の修飾の対象を持っており、否定命題を修飾することができるという文法的機能が付与されているのに対し、程度の小さいことを表わす程度副詞は共通の修飾の対象を持っておらず、語によっては否定命題の修飾可否の制限を受けるという文法上の位置付けがあることが分かるようになる。そこから各程度副詞の文法上の共通点と相違点も究明することができる。

また、後置的修飾の場合、"極""很""非常"などの程度副詞は、被修飾語の後に用いられ、主観的に話者個人の基準でその程度性を端的に強調することができるが、"稍微""略微""多少""有点"などの程度副詞は、話者個人の基準による事象への評価には用いられないため、被修飾語の後に来ることができない。前者は程度の大きいことを表わすことから、前置的修飾の用法だけでなく、後置的修飾の用法も許容されるわけであるのに対し、後者は程度の小さいことを表わすことから、後置的修飾による程度誇示の用法が付与されておらず、程度の大きいことを表わす程度副詞とは異なっている。この点も体系的に考察することによってはじめて明らかにされたものと言える。したがって、本研究は上記の課

題を体系的に検討することによって、中国語の程度副詞のそれぞれの意味・用法を明らかにすると同時に、中国語の程度副詞による程度表現システムの全容の解明にも努めようとするものである。

3. 本研究の目的と意義

　本研究の目的は、中国語の程度副詞を取り上げて、それぞれの程度副詞が持っている文法上の共通点と相違点及び多様な程度表現の全容を解明し、程度副詞のそれぞれの役割や位置付けの確認をしようとするものである。

　具体的には、中国語の程度副詞にはどのような機能が付与され、どのような程度表現を担っているのか、程度副詞はどのような共通点と相違点を持っているのか、なぜ、程度表現はそのような様相を呈しているのであろうか、また程度副詞はどのように被修飾語を修飾し、どのような性格と特徴を持っているのか、といった点について体系的に検討し、程度副詞の各々の文法的機能と程度副詞全体の性格や特徴等を解明し、ひいては中国語の程度表現システムを究明することである。

　さらに、程度副詞の意味・用法について体系的に考察することは、程度副詞のそれぞれの役割、程度表現システムにおける程度副詞の全体像、程度修飾の原理・事象への評価の方法、程度表現の手段などを把握するのに有益であり、また、被修飾語としての形容詞、動詞の意味・用法やそれぞれの文法的機能の違いや程度修飾における許容の様態などを認識するにも役立つものと考えられる。また、程度副詞と他の副詞（たとえば、範囲・時間・語気・手段・モダリティなどを表わす副詞など）との違いや、それらのそれぞれの文法的な役割・位置付けおよび各々の構文的特徴などを知るためにも、非常に大きな意義を持つものと確信している。

分類基準	意味による分類			比較の有無による分類		量的語句との共起可否による分類
種類 程度副詞	大きい程度	小さい程度	一定の程度	非特定的比較	特定的比較	量的修飾
太	○	×	×	○	×	○
忒	○	×	×	○	×	○
过于	○	×	×	○	×	○
极	○	×	×	○	×	×
极其	○	×	×	○	×	×
极为	○	×	×	○	×	×
非常	○	×	×	○	×	×
异常	○	×	×	○	×	×
十分	○	×	×	○	×	×
万分	○	×	×	○	×	×
相当	○	×	×	○	×	×
特别	○	×	×	○	×	○
很	○	×	×	○	×	○
颇	○	×	×	○	×	○
颇为	○	×	×	○	×	○
甚	○	×	×	○	×	×
甚为	○	×	×	○	×	×
挺	○	×	×	○	×	×
蛮	○	×	×	○	×	×
怪	○	×	×	○	×	×
老	○	×	×	○	×	×
好	○	×	×	○	×	×
有点	×	○	×	○	○	×

有些	×	○	×	○	○	×
最	○	×	×	×	○	×
顶	○	×	×	×	○	×
更	○	×	×	×	○	○
更加	○	×	×	×	○	○
更其	○	×	×	×	○	○
较	×	×	○	×	○	○
比较	×	×	○	×	○	○
较比	×	×	○	×	○	×
格外	○	×	×	×	○	○
分外	○	×	×	×	○	○
尤其	○	×	×	×	○	○
尤	○	×	×	×	○	○
越发	○	×	×	×	○	○
愈加	○	×	×	×	○	○
日益	○	×	×	×	○	×
还	×	×	○	×	○	○
再	○	×	×	×	○	○
稍微	×	○	×	○	○	○
略微	×	○	×	○	○	○
多少	×	○	×	○	○	○
稍	×	○	×	○	○	○
稍稍	×	○	×	○	○	○
稍为	×	○	×	○	○	○
稍许	×	○	×	○	○	○
略	×	○	×	×	○	○
略略	×	○	×	×	○	○
微微	×	○	×	×	○	○
些微	×	○	×	×	○	○

第一章
否定命題への修飾

1. 概観

1.1. はじめに

　程度副詞は肯定命題と否定命題のいずれをも修飾することができる。これは中国語の程度副詞の文法的特徴の一つである。

　程度副詞は修飾語としてそれ自体に程度性を内包していて、被修飾語にも同じ程度性を持つことを要求している。つまり、修飾語と被修飾語は共通した文法的属性——程度性を持っており、この程度性を持つということが、両者の文法的関係を成立させることの前提となっている。現代中国語では程度副詞は主として形容詞や動詞及び動詞的フレーズ（被修飾語）を修飾し、状態の程度性と動作の量性を表わしている。

　被修飾語としての形容詞・動詞及び動詞的フレーズが程度副詞によって修飾されるかどうかは、それ自体が程度性を持つか持たないかによるものである。程度性さえ持っていれば、程度副詞によって修飾される。

　修飾語としての程度副詞には否定形式を修飾できる程度副詞と修飾できない程度副詞とがある。例えば、"太""极""最""顶"などの程度副詞は被修飾語の否定形式を修飾する機能を持っている。しかし、"稍微""多少""还"などの程度副詞は被修飾語の否定形式を修飾する機能を持っていない。

　先ず以下の例文を見てみよう。

(1-1) 刚上任时一年打基础，站稳脚跟平稳过渡，二年起步大干的设想看来<u>太</u>不切实际，拦路虎不赶走能让你平稳过渡？(就任したばかりの一年目は基礎を固めておき、腰を落ち着けて平穏に過ごし、二年目は大々的にやろうという考えは、どうも実際には適合しなかった。邪魔なものを追い払わないであなたは平穏に移行できるかどうか)(蒋巍〈在人生坐标系上〉《人民文学》1992 年第 1 期 p.34)

(1-2) 在我的经验里，成功的减肥例子不是没有，但成果大多是<u>非常</u>不稳定的。(私の経験では、ダイエットに成功した例がないわけではないけれども、その成果は非常にあやふやなケースが殆んどであった)(荆歌〈环肥燕瘦〉《人民文学》1997 年第 8 期 p.43)

(1-3) "主任医生不是刚才对你说了嘛，你得立刻出院啊！"护士的脸色<u>有</u>些不高兴。(「主任医師が先ほど言ったじゃないですか、直ぐに退院してもらわなくちゃ」と、看護師はあまり嬉しそうではなかった)(梁晓声《雪城》上册 p.188 北京出版社・北京十月文艺出版社 1996)

(1-4) 谁知那天晚上李四比我<u>更</u>(??还)不理智，他不但付了饭费，而且车钱一分也没要。(その夜、李四は私以上に理知的ではなく、彼は食事代を払ったばかりか、運賃についても一銭も要求しなかったとは誰が知ろう)(虹影〈风信子〉《人民文学》1996 年第 6 期 p.36)

(1-5) ??他们{很/非常/有点/有些/最/顶}不反对我的意见。

この中で、"太"は(1-1)において、"切实际(実際に適合する)"というフレーズの否定形式"不切实际(実際に適合しない)"を修飾している。"非

常"は(1-2)で"稳定(安定する)"の否定形式"不稳定(安定しない)"を修飾している。"有些""更"は(1-3)(1-4)で"高兴(嬉しい)""理智(理知的だ)"という形容詞の否定形式"不高兴(嬉しくない)""不理智(理知的ではない)"を修飾している、そして一方、"还"は"理智(理知的だ)"という形容詞の否定形式"不理智(理知的ではない)"を修飾することができない。そして、"很""非常""有点""最""顶"などの程度副詞はいずれも"反对(反対する)"の否定形式"不反对(反対しない)"を修飾することができない。

本章では、程度副詞と形容詞・動詞及び動詞的フレーズの否定形式との関係及び程度副詞の否定命題の付与の仕方について考察し、各程度副詞の文法的性格や意味領域及び修飾の範囲などを明らかにしていくことにする。

1.2. 先行研究

従来の研究の中で、個々の程度副詞と形容詞の否定形式との関係については考察が数多くある。たとえば、呂叔湘 1965、相原茂 1979、马真 1986b、周时挺 1988 などはいずれも"很"の否定形式修飾の用法やその文法的特徴についての考察がある。武信彰 1992 は"太"の形容詞修飾の幾つかのパターンについて考察している。また詳細な考察はなくても、このテーマに触れている論考(たとえば、马真 1991、石毓智 1992・2001、李宇明 1998、郭继懋 2000 など)も数多くある。これらの考察は、程度副詞の否定命題修飾の文法的機能や程度副詞と被修飾語の否定形式との関係を認識したり理解したりするのに有益である。筆者は個々の程度副詞についての考察は勿論重要だが、全程度副詞の否定形式修飾の実態やその特徴などを明らかにすることも非常に重要だと考えている。

多くの研究者は程度副詞は主として形容詞を修飾し、個別的な動詞を除いては動詞を修飾することができないとしている。また、程度副詞に修飾されるかどうかを形容詞と動詞を分類する基準の一つだとする研究

者 [2)] もいる。そのため、研究の重点が程度副詞と形容詞の否定形式との関係に置かれて、程度副詞と動詞の否定形式との関係については重点を置かない傾向があるのではないかと考える。それで、本章では程度副詞と形容詞の否定形式の関係だけでなく、程度副詞と動詞や動詞的フレーズの否定形式との関係についても取り上げ、程度副詞と否定命題との文法的関係を明らかにしてゆくことにした。

1.3. 本章の課題

本章では下記の課題をめぐって考察する。

一、どの種類の程度副詞が否定命題修飾の機能を保持し、どの種類の程度副詞が否定命題修飾の機能を保持していないのか。そこでまず否定命題修飾機能付与の有無により、程度副詞について分類を試みる。
二、否定命題修飾の機能を保持している程度副詞は、どの種類の形容詞・動詞及び動詞的フレーズの否定形式を修飾し、どの種類の形容詞・動詞及び動詞的フレーズの否定形式を修飾できないのか。それはなぜなのか。
三、否定命題を修飾する程度副詞にはどのような共通点と相違点があるのであろうか。共通の意味領域と修飾の範囲を有しているのかどうか。程度副詞の否定命題修飾の目的と意義はどこにあるのであろうか。

本章では以上の諸問題を体系的に考察することによって、程度副詞と否定命題との文法的関係及びその必然性を明らかにする。

2. 被修飾語についての分類

　前述の通り、程度副詞は否定命題修飾の文法的機能を保持するとはいえ、すべての程度副詞が否定命題を修飾できるわけではない。否定命題を修飾できるかどうかにより、程度副詞は、否定命題を修飾できる程度副詞と否定命題を修飾できない程度副詞とに分類することができる。

Ⅰ．否定命題を修飾できる程度副詞：
　　太　极　非常　十分　相当　很　更　比较　最　顶　尤其
　　颇　有点　有些　怪　挺　蛮　越发　愈加　格外　特别

Ⅱ．否定命題を修飾できない程度副詞：
　　还 3)　再　稍微　略微　多少　稍稍　略略　微微 4)

　否定命題を修飾できる程度副詞は、その修飾の程度性が特定的な性質を持つかどうかにより、非特定的修飾を表わす程度副詞と特定的修飾を表わす程度副詞とに分けることができる。非特定的修飾を表わす程度副詞は"太""极""很""非常""十分""相当""怪""挺""蛮""颇""有点""有些"などがあるが、一方、特定的修飾を表わす程度副詞は"更""更加""最""顶""比较""格外""尤其""越发""愈加""特别"などがある。

　非特定比較を表わす程度副詞は、一つの事象(または状態)の程度性を修飾するだけに止まり、他の事象との比較の意味は持たないで、一般的な、非特定的な性質を持っている。たとえば、"这个房间很不干净(この部屋はとても不潔だ)"という場合は、この部屋自体の衛生状況が非常に芳しくないことを表わし、他の部屋の状況についての言及はないと考えられる 5)。

　一方、特定的比較を表わす程度副詞は特定的な比較の範囲というもの

を持っており、通常、二つあるいは二つ以上の事象を比較し、ある範囲内もしくはある前提の下での特殊な程度性を表わすという性質を持っている。たとえば、"这个房间最不干净（この部屋は最も不潔だ）"という場合、明らかに他の部屋の衛生状況と比較しながら、この部屋が最も不潔なところだということを指摘するという用法である[6]。

このように中国語の程度副詞は肯定命題修飾の機能を保持しているほか、また、否定命題修飾の機能も保持している。

2.1. 形容詞

前述の通り、被修飾語が相対的な程度性を保持しているということは、程度副詞によって修飾されることの前提条件である。即ち被修飾語は肯定形式でも否定形式でも、相対的な程度性を含まなければ、程度副詞によっては修飾されることができない[7]。逆の立場から言えば、程度性さえあれば、肯定形式でも否定形式でも程度副詞によって修飾されるということである。したがって、被修飾語としては相対的な程度性を持っていなくてはならないと言える。

形容詞について言えば、否定形式が程度副詞に修飾されるのかどうかにより、否定形式が程度副詞に修飾される形容詞と否定形式が程度副詞に修飾されない形容詞に分類することができる。

Ⅰ．否定形式が程度副詞によって修飾される形容詞：
A①好（良い）　稳（着実だ）　准（精確だ）　灵（賢い）　对（正しい）　全（揃っている）　明白（分かる）　干净（綺麗だ）　安全（安全だ）　保险（安全だ）　争气（頑張る）　痛快（痛快だ）　高兴（嬉しい）　安定（安定する）　舒服（気持ちよい）　快活（快活だ）　忠诚（忠実だ）　热情（親切だ）　稳定（安定している）　认真（真面目だ）　文雅（優雅だ）　雅观（上品だ）　活泼（活発だ）　害臊（はにかむ）　自由（自由だ）　自在（自在だ）　自然（自然だ）　便宜（安い）　便利（便利だ）　方便（便利だ）

合理(合理的だ)　平静(平静だ)　安静(静かだ)　公平(公平だ)　聡明(聡明だ)　礼貌(礼儀正しい)　体面(面目が立つ)　虚心(謙虚だ)　平坦(平坦である)　規矩(行儀がよい)　謙虚(謙虚だ)　安分(分に安んじる)　本分(本分を守る)　彻底(徹底的だ)　完整(無傷だ)　高明(優れている)　全面(全面的だ)　仔細(注意深い)　均匀(平均している)　直爽(率直だ)　直率(率直だ)　理想(理想的だ)　景気(景気がよい)　周全(周到だ)　老実(大人しい)　得意(満足する)　含糊(曖昧だ)　圆滑(如才がない)　得志(願いどおりになる)　随和(人付き合いがよい)

②一致(一致している)　一样(同じだ)　相同(同じだ)　耐煩(根気がよい)　合法(合法的だ)　和平(平和だ)

B　高(高い)　低(低い)　多(多い)　少(少ない)　大(大きい)　小(小さい)　長(長い)　短(短い)　快(速い)　慢(遅い)　重(重い)　軽(軽い)　寛(広い)　窄(狭い)　深(深い)　浅(浅い)　远(遠い)　近(近い)　強(強い)　弱(弱い)　软(柔らかい)　硬(硬い)　胖(太る)　瘦(痩せる)　厚(厚い)　薄(薄い)　坏(悪い)　赖(悪い)　出众(ずば抜けている)

C　勇敢(勇敢だ)　典型(典型的だ)　荒寂(荒涼として物寂しい)　小气(けちだ)　傲慢(傲慢だ)　吝嗇(けちけちしている)　寂寞(寂しい)　死板(活気がない)　过瘾(堪能する)　悲观(悲観的だ)　肤浅(浅い)　浮躁(そわそわしている)　软弱(軟弱だ)　麻烦(面倒だ)　枯燥(無味乾燥だ)　别扭(厄介だ)　偏激(過激だ)　好强(勝気だ)　好胜(負けず嫌いだ)　灵通(耳ざとい)　单纯(単純だ)　重要(重要だ)　美丽(美しい)[8]

ここに挙げた中国語の形容詞はいずれも程度副詞によって修飾される

語である。A類の①の形容詞はプラス的意味を持つ語が多く、その肯定形式にも否定形式にも程度性を内包しており、相対的な状態を示している。A類の②の形容詞はその肯定形式が絶対的な状態を表わすので、"??他们俩的意见非常一致(「彼ら二人の意見は一致している」の意)"のように程度副詞によって修飾されにくいが、しかし、その否定形式は"他们俩的意见非常不一致(彼ら二人の意見は一致していない)"のように相対的な状態を表わすことができる。

B類の形容詞は、中性的な意味を持つ語が多く、対となる語も少なくない。たとえば、"高(高い)""低(低い)"は、反対語として対立した状態を表わすが、その否定形式"不高(高くない)""不低(低くない)"にも程度性を含有しているので、"太""忒""很"などの程度副詞にも修飾される[9]。

C類の形容詞について言えば、その否定形式は相対的な程度性を持っているが、程度修飾受容の性質は半ば開放的であるため、特定的比較を表わす程度副詞によって修飾されるだけであり、非特定的修飾を表わす程度副詞によっては修飾されない。

Ⅱ. 否定形式が程度副詞によって修飾されない形容詞:
D①愚蠢(馬鹿らしい)　腐败(腐敗している)　缺德(ろくでもない)　下贱(卑しい)　暴躁(怒りっぽい)　懦弱(気が弱い)　狡猾(狡猾だ)　粗暴(乱暴だ)　恶劣(悪辣だ)　僵硬(堅苦しい)　悲惨(悲惨だ)　惨酷(残酷だ)　残忍(残忍だ)　粗鲁(荒っぽい)　野蛮(野蛮だ)　蛮横(横暴で筋を通さない)　糟糕(めちゃくちゃだ)　糟(悪い)
②壮观(壮観だ)　伟大(偉大だ)　优良(優良だ)　优异(ずば抜けている)　优越(優越している)　光辉(輝かしい)

E①正式(正式な)　中等(中位の)　基本(基本的だ)　初级(初級の)　高级(高級だ)　大型(大型の)　中型(中型の)　微型(小型の)

②通红(真っ赤だ)　漆黑(真っ暗だ)　雪白(真っ白だ)　铮亮(ピカピカ光った)　喷香(非常に芳しい)　冰凉(非常に冷たい)　乌黑(真っ黒い)　黝黑(どす黒い)
③红彤彤(真っ赤だ)　黑乎乎(真っ黒だ)　模模糊糊(はっきりしない)　啰里啰唆(くだくだしい)　马马虎虎(いい加減だ)　黑不楞登(どす黒い)

　ここに挙げた形容詞はいずれも程度副詞によって修飾されない語である。

　D類の形容詞は、マイナス的意味を持つ語が圧倒的に多い。その肯定形式は程度副詞によって修飾されるが、その否定形式は相対的な程度性を持たないため、程度副詞による程度修飾は受けることができない。ただし、"一点也不伟大(全然偉大ではない)""丝毫不懦弱(全然気が弱くない)"のように、完全な否定を表わす程度修飾は受けることができる。そして、このタイプの形容詞の肯定形式は、"非常伟大(非常に偉大だ)""十分壮观(非常に壮観だ)""极其狡猾(非常に狡猾だ)"のように、程度副詞によって修飾される。その否定形式は肯定形式と異なり、相対的な程度性を持っていないため、程度副詞によって修飾されない。

　E類の①の形容詞はいわゆる"非謂形容詞(吕叔湘・饶长溶)"[10]であり、否定形式は持っていないとされる。②の形容詞はいわゆる"状態形容詞(朱德熙)"[11]といわれるもので、それ自体に極端な程度性を内包しているため、程度副詞による修飾を排除していると考えられる。③の形容詞は、形容詞の重ね型であり、その語が重ねられることによりそれなりの程度性を生むことによって、一定の程度性を表わすことになる。そのために、程度副詞の修飾の対象とはならない。

2.2.　動詞と動詞的フレーズの場合

　動詞は、否定形式が程度副詞によって修飾されるのかどうかにより、

程度副詞によって修飾される動詞と程度副詞によって修飾されない動詞に分類することができる。

Ⅰ．程度副詞によって修飾される動詞：
A 注意(注意する)　习惯(慣れる)　讲究(重んずる)　尊重(尊重する)　重视(重視する)　了解(了解する)　理解(理解する)　希望(希望する)　支持(支持する)　喜欢(好む)　懂得(分かる)　留恋(名残を惜しむ)　赞成(賛成する)　同意(同意する)　体谅(思いやる)　爱惜(愛惜する)　珍惜(珍重する)　相信(信じる)　忍心(心を鬼にする)　在于(---にある)　介意(気にかける)　放心(安心する)　适合(適合する)　满意(満足する)　讲理(道理をわきまえる)　尊敬(尊敬する)　恭敬(恭しくする)　满足(満足する)　适应(適応する)　自觉(自覚する)

B 反对(反対する)　担心(心配する)　后悔(後悔する)　讨厌(嫌う)　着急(焦る)　失望(失望する)　忽视(無視する)　轻视(軽視する)　捣乱(騒動を起こす)　扫兴(興ざめする)　害怕(恐れる)　熟悉(熟知する)　鄙视(軽蔑する)　感谢(感謝する)　感激(感激する)　感动(感動する)　怨恨(恨む)　爱(愛する)　饿(お腹がすく)　流行(流行る)　长进(上達する)　隐蔽(隠れる)　具备(具備する)　知道(知る)　提防(警戒する)

Ⅱ．程度副詞によって修飾されない動詞：
C 吃(食べる)　喝(飲む)　看(見る)　听(聞く)　说(話す)　讲(しゃべる)　闻(聞く)　想(考える)　跑(走る)　走(歩く)　去(行く)　乘(乗る)　坐(座る)　站(立つ)　躺(横になる)　睡(寝る)　读(読む)　工作(仕事をする)　生产(生産する)　生活(生活する)　休息(休憩する)　比赛(試合をする)　运动(運動する)　活动(活動する)　发展(発展する)　增长(増大する)

D 忘(忘れる)　忘记(忘れる)　猜想(推量する)　打算(---するつもりだ)　企图(企てる)　决心(決意する)　认为(考える)　以为(---とする)　渴望(渇望する)　缅怀(追懐する)　悼念(追憶する)　怜惜(慈しむ)　开始(始める)　结束(終わる)　毕业(卒業する)

　A類の動詞は、プラス的意味を持つ語が多く、積極的で望ましい事象を表わす場合によく用いられ、その肯定と否定の両形式はいずれも開放的な性格を持っている。そして相対的な状態性と程度性を内包しているため、非特定的比較を表わす程度副詞によっても特定的比較を表わす程度副詞によっても修飾されることができる。

　B類の動詞は、"感谢(感謝する)""感激(感激する)"のようなプラス的意味を持つ語はあるものの、"反对(反対する)""讨厌(嫌がる)"のようなマイナス的意味を持つ語が多い。その否定形式は一定の程度性を含有するが、A類の動詞と比べると、程度修飾受容の性質が半ば閉鎖的でもあり、半ば開放的でもある。したがって、"*大家都很不反对这个意见(「みんながこの意見には反対していない」の意)"のように非特定的な程度修飾を受けることができず、"最不反对的是他(一番反対してないのが彼だ)"のように特定的な程度修飾しか受けることができないのである。

　C類の動詞は典型的な動詞として、人間や動物の行動を表現しており、その肯定形式は様々なレベルの量的修飾を受けることが可能で、開放的な性格を持っている。たとえば、"很跑了一些地方(随分回った)""稍微跑了跑(少し走った)""多跑了十里地(5キロくらい多めに走った)"などがそれである。

　しかし、その否定形式はその動作・行為に対する打ち消しになり、その動作・行為を閉鎖的な状態にさせているために、全て閉鎖的な性格を呈している。この点は、A類の動詞ともB類の動詞とも違っている。そのため、C類の動詞は程度副詞による修飾を受けることができないのである。例えば、"*很不跑(「走らない」の意)""*最不跑(「走らない」の意)"な

どの言い方は成立しない。

　D類の動詞は心理状態を表わす語が多く、固定的な状態を表わすのに用いられ、事象の絶対性や極端性を強調することが多い。その肯定形式と否定形式は相対的な程度性やその他の性質を持っておらず、その動詞が意味する内容が閉鎖的な状態にあるために、程度副詞によっては修飾されない[12]。

　一方、動詞的フレーズは特定的修飾と非特定的修飾をいずれも受けられるものと特定的修飾しか受けられないものとがある。否定形式が程度副詞によって修飾されるかどうかにより、動詞的フレーズは特定的修飾と非特定的修飾を共に受けられるもの（A）と特定的修飾しか受けられないもの（B）とに分類することができる。

　A 特定的修飾と非特定的修飾を共に受けられる動詞的フレーズ：
　　听话（言うことを聞く）　投脾气（気が合う）　讲卫生（衛生面を重視する）　要面子（体面にこだわる）　成问题（問題になる）　得人心（人心を得る）　顾大局（大局に気を配る）　懂道理（道理が分かる）　守纪律（規律を守る）　解决问题（問題を解決する）　受欢迎（人気がある）　负责任（責任を負う）　合乎要求（条件に合う）　成体统（体裁を成す）　想得通（納得できる）　看得惯（見慣れない）　合得来（気が合う）　行得通（実行できる）　想得开（諦める）　靠得住（頼りになる）　沉得住气（心を落ち着ける）　放得下心（安心できる）　说得出口（よくも言えたものだ）　经得住考验（試練に耐える）

　B 特定的修飾しか受けられない動詞的フレーズ：
　　伤脑筋（頭を悩ます）　动感情（心を動かす）　费工夫（手間をかける）　花时间（時間をかける）　占地方（場所をとる）　耽误时间（時間を遅らせる）　叫人为难（困らせる）　使人失望（失望させる）

A類の動詞的フレーズは、プラス的意味を持つ語が多く、積極的で望ましい事象を表わしている。その肯定形式と否定形式はいずれも開放的な性格を持っているので、"这个人很讲卫生(この人はとても衛生面に配慮している)""这个人很不讲卫生(この人は非常に衛生面を軽視している)"のように程度副詞によって修飾される。

一方、B類の動詞的フレーズは、その否定形式は積極的な事象を表わせないから、半ば開放的であり、半ば閉鎖的である。"这样的东西最不占地方(このようなものは広く場所をとらない)"のようにある特定された状況下の程度修飾しか受けられない。一般的な非特定的な程度評価には用いられないので、たとえば、"*这样的东西很不占地方(「このようなものはあまり場所をとらない」の意)"のように、非特定的比較を表わす程度副詞によっては修飾されることはない[13]。

3. 分析

3.1. 非特定的修飾

2.1.で述べた非特定的比較を表わす程度副詞は、A類の形容詞の否定形式を修飾することができる。一部の程度副詞については、さらにB類の否定形式をも修飾することができる。しかし、C類とD類の形容詞の否定形式に対しては修飾することができない。

"太"については極度・過度を表わす程度副詞としてA類とB類の形容詞の否定形式、A類の動詞とA類の動詞的フレーズの否定形式を修飾することができる。

(1-6) 他推脱的理由主要有两个，一个是天太热，坟里可能有瘴气，说不定会中毒，二是自己配了副隐形眼镜，还没拿到手，戴着副二饼实在<u>太</u>不方便了。(彼が辞退した主な理由は二つある。一つはこの暑さでは墓の中には瘴気[14]があるだろうから、中毒す

るかもしれないから。もう一つは自分でコンタクトレンズを取り寄せていたのだが、まだ手には入らなくて、二つの厚いレンズの眼鏡を掛けたままで非常に不便だったからである)(朱慧〈青玉案〉《人民文学》1998 年第 9 期 p.70)

(1-7) 作为高勇的母亲，我当然是希望尽早当上你们孩子的奶奶。但是，我还不至于昏庸到支持你们要下这个孩子。就算不考虑高勇的考研，你们这次怀孕的质量也<u>太</u>不高了。(高勇の母として私は当然早くおまえたちの子供のおばあちゃんになりたいんだよ。しかし、おまえたちがこの子を生むための手助けをしたいという気持ちにまだなってないのだ。高勇の大学院入試のことを別に考えなくても、今回の妊娠はよい結果をもたらすとは限らないよ)(池莉《水与火的缠绵》p.207 华艺文艺出版社 2002)

(1-8) 他用她写给他的情书叠了几只小狗，放在她的书桌里，那是他<u>太</u>(或/极/很/?挺/??怪/??蛮)不懂得尊重别人。(彼は彼女が送ってくれたラブレターの便箋で子犬の折り紙をいくつか折って、彼女の学習机の中についつい入れてしまったのだ。彼はあまりにも他人を思いやることが分かっていないのだ)(梁晓声《雪城(上)》p.244 北京出版社・北京十月文艺出版社 1996)

"太"は被修飾語の否定形式を修飾する場合も"了"と共起しなくてはならない。"太不方便""太不安静""太不自覚""太不注意"などの表現は成立しにくい。というのは、"方便""安静""自覚""注意"の否定形式も高い程度性を含んでいるので、それらを修飾する場合は、高い程度性を強調することになり、そのため、特に文を結ぶ時、"太"は"了"と共起することになる。ただし、"了"と共起せずに用いられる場合もある。それについては、以下の三つのような場合が考えられ

る。

　一つ目は、"太"とその被修飾語の否定形式がそのままで文を結ばずに後続文を持つ場合である。この場合は後続文があり、"太"は感動文に用いられるのではなく陳述を表わすのであるから、"了"と共起しなくても修飾の機能を果たすことができる。

　二つ目は、"太"とその被修飾語の否定形式が連体修飾語に立つ場合である。この場合は連体修飾語に立つ時、"太"は連体修飾構造に助けを借りることができるので、"了"と共起しなくても用いられる。"他太不自覚的时候，就得提醒他(彼が自覚のない時には、注意してやらなければならない)""太不方便的地方谁都不愿去(非常に不便なところには誰も行きたくない)"のように表現される場合、連体修飾構造は重要な役割を果たしているから、"了"はその構造によって拒否されているものと思われる。

　そして、三つ目は例文(1-8)が示すように、修飾される動詞が否定形式で目的語を取った場合である。その場合、陳述文に用いられ、修飾される動詞とその目的語がまとまった意味を表わすことができるから、"太"は"了"と共起しなくてもその動詞の否定形式を修飾することができる。

　"极"は、好ましい事象を表わす形容詞や動詞及び動詞的フレーズの否定形式を修飾し、極点に達する程度性を表わす。"极"の強調形と思われる"极其""极为"も否定形式を修飾するという文法的機能を保持している。

(1-9)　三喜妈妈是个单身老太太，六十多了，唯一的儿子在外地工作；她去儿子家里住了半年，<u>极</u>(??怪)不习惯，就重新回到自己这三间老屋。(三喜の母は独身の老婦人であり、六十歳を過ぎていた。たった一人の息子は地方で働いていた。彼女は息子の家に行って半年住んでいたが、なかなか慣れなかったので、自分のこの三部

屋の古い家にまた戻ってきた)(张炜《远行之嘱》p.79 长江文艺出版社 1997)

(1-10) 赵毓秀退休的时候，遭到了<u>极其</u>(极为)不公正的待遇。干了十几年的副处，居然没有在退休之前，给她提成正处。(趙毓秀は退職する時、非常に不公正な待遇を受けた。十数年も課長補佐のポストに就いていたのに、意外にも退職する前の課長昇進が果たされなかった)(池莉《水与火的缠绵》p.294-295 华艺出版社 2002)

"非常"は主に書き言葉に用いられる他、やや硬い感じは受けるものの、話し言葉にも用いられる。そして被修飾語の否定形式を修飾する時に、基準を大きく上回る程度性を表わす。"甚"は現代語では書き言葉として用いられ、古めかしい感じを与えて、使用範囲は"颇"よりも狭い。そして日常会話には用いられない。"颇"は書き言葉として文章によく用いられ、硬いニュアンスがある。そして表わされる程度性は"很"に近いが、ただ会話には現れない。

(1-11) 她们喜欢时装但<u>非常</u>不喜欢时装模特。喜欢的也是外国的。(彼女達は最新流行の服装は好きだが、モデルの着ているものは非常にいやだ。たとえ好きでも、それは外国のモデルのものだ)(梁晓声《中国社会各阶层分析》p.43 经济日报出版社 1997)

(1-12) 据说，学校里一个一直暗恋管飞的女同学对许梅<u>甚</u>不服气，一天晚上，她叫嚣着要和许梅比比线条，看看谁的更顺。(話によれば、学校でひそかに管飛を愛している一人の女子生徒は許梅のことをこころよく思っていなかった。ある日の夜、彼女は許梅と自分の体形を比較して、誰がいちばん綺麗なのかといってさ

わいでいたということだった)(朱慧〈青玉案〉《人民文学》1998 年第 9 期 p.70)

(1-13) 晚上，千姿睡到半夜，突然感到胃里面翻江倒海地<u>颇</u>不舒服，她爬起来摇摇晃晃地到漱洗室去，一按舌根，哇的一声就吐出来。(その夜、千姿は真夜中に目が覚めて、突然胃袋の中がねじれてしまうような痛さでとても苦しそうにしていた。そして、彼女は起き上がると、よろよろした足取りで洗面所に行き、舌の付け根を押さえて、わっと吐いてしまった)(张欣《岁月无敌》p.38 长江文艺出版社 1997)

"十分"は被修飾語の否定形式を修飾する時、話者の不満足な内容を表わす程度副詞として、話者の理想値から大きくずれていることを表わしている。"相当"はくだけた日常会話にも硬い感じの文章語にも用いられ、基準をかなり下回る内容を表わしている。一方、"特別"は一般のものとは異なることを示し、その状況の特殊性を端的に強調している。

(1-14) 房子是那种较早些年造的模样。大床上却翻腾着一个特别白胖的男孩，与这家中的一切都<u>十分</u>不协调的，有一种贵族气息。(その家はかなり以前に建てられたような様子だった。大きなベッドにはとても色白で太った一人の男の子が転がっていた。それはこの家の中のあらゆるものと調和が取れてなくて、何か貴族的な雰囲気があった)(王安忆《漂泊的语言》p.313 作家出版社 1996)

(1-15) "是的，是的，就这么一件事儿。在您不过三言两语，在我，嘴皮子磨破了也不行。徐厂长有时<u>相当</u>(太/忒/很/??怪)不照

顾面子。成了我们保证有酬金！"」(「そうだそうだ。この一件だけなんですよ。あなたは二言三言言うだけで済みますが、私はどんなに説明しても聞き入れてもらえません。徐工場長は私の事なんか全く考えてくれないんですから。もしうまくいった時は、報酬を保証しますよ」)(梁晓声《雪城(下)》p.311 北京出版社・北京十月文艺出版社 1996)

(1-16) 他似乎<u>特别</u>(太/忒/非常/很)不适合在这样一个环境工作，差不多想用一块石头把经理的头拍碎。(彼はこのような環境の中で働くことには馴染まず、石ころで社長の頭を打ち砕いてやろうとするところだった)(张玮《远行之嘱》p.207-208 长江文艺出版社 1997)

"挺"と"怪"は話者の心情を表わす程度副詞として、話し言葉的な性格があり、日常会話では最も頻繁に使用されるが、文章語にはあまり現れない。"怪"は形容詞を修飾する時には、語気助詞の"的"と共起することが多い。ただし、"怪"とその被修飾語が文中に用いられる場合は、語気助詞の"的"と共起しなくても成立する。

(1-17) 她说，我就想着，他们<u>挺</u>不容易的，到这千儿八百里的地方来，也没个亲戚朋友的，也没个女人。(私は分かるよ、彼らはそれは容易ではないだろう。千キロも離れたこの土地にやってきて、親戚や友達もいないし、妻もいないしねと彼女は言っている)(魏微〈大老郑的女人〉《2003中国年度最佳短篇小说》p.93 漓江出版社 2004)

(1-18) 他把区长往自己身边一拉，这一来区长就坐到他的腿上去了。区长觉得他的腿正在冒汗，坐在上面<u>怪</u>不舒服的。(彼が区長

を自分の方に引っ張ると、区長は彼のひざの上に座ってしまった。彼のひざが汗に滲んでいたので、区長はその上に腰かけると、ひどく気持が悪かった）(残雪《黄泥街》p.338 长江文艺出版社 1997)

"有点""有些"は話し言葉としてのニュアンスを持っているので、会話には多用される。ただし、場合によっては文章にも現れる。

(1-19) 当第一套安装好 DCS 的设备试车之时，厂长<u>有点</u>(有些)不放心，问他有没有把握？（最初に据え付けてあった DCS の設備を試運転する時、工場長はちょっと心配そうに大丈夫かと彼に聞いた）(徐迟〈攻主战场者谓主力军〉《人民文学》1992 年第 5 期 p.25)

(1-20) "主任医生不是刚才对你说了嘛，你得立刻出院啊！"护士的脸色<u>有些</u>(有点)不高兴。（「主任医師が先ほど言いましたね、直ぐ退院するようにと」と看護師はあまり気分よさそうな表情ではなかった）(梁晓声《雪城(上)》p.188 北京出版社・北京十月文艺出版社 1996)

前述のように、"太""极""极其""极为""非常""十分""相当""很"などの程度副詞は、互いに程度差はあるものの、A類の形容詞を修飾する時には、その修飾範囲は大体同じである。ただし、文体差があって、"蛮""挺""怪"は個人的な感情を吐露するのに用いられるが、冷静で客観的な描写には用いられにくく、"太""极""很"より意味領域が狭いものと見られる。"他对朋友极不忠诚（彼は全然友達に誠を尽くさない）""他态度很不热情（彼の態度はとても不親切だ）"などの表現は成立するが、"??他对朋友{挺/蛮/怪}极不忠诚（「彼は全然友達に誠を尽くさない」の意）""??他态度{挺/蛮/怪}不热情（「彼の態度はとても不親切だ」の意）"などの表現は成立しにくいと思われる。

またB類の形容詞の否定形式については、"很"は修飾できるが、他の程度副詞による修飾はできない。この点では"很"は、"太""忒"と同じである。たとえば、

(1-21) 我说，欲念的联络决不都是深刻的联结，但我断定最深刻的联结必须要通过欲念来抵达。这种概率<u>很</u>不高，这大约有些类似生命形成的机会。（私は言った。欲望によるつながりはすべて深いつながりでは決してないが、しかし、最も深いつながりは欲望によって到達しなくてはならないと私は断定する。しかし、その確率は高くない。これは多分生命誕生の機会に似ているのであろう）(王安忆《米尼》p.323 作家出版社 1996)

(1-22) 我在灵宝吃了很多的苹果和<u>很</u>不多的饭，我是说那种请客吃饭。（私は霊宝で林檎をたくさん食べ、ご飯を少しばかり食べた。私はそんなご馳走をいただいたということを言っているのだ）(陈祖芬〈黄金城〉《人民文学》2000年第2期 p.33)

(1-23) "劳改"这两个字像怕人的瘟疫症，都躲得远远的，甚至明知入监的亲友纯属冤枉，不落井下石，就算是<u>很</u>不低的道德标准了。（「劳改（労働改造の略）」という二字は恐ろしい伝染病を思い出させるようで人に嫌がられている。無実の罪を着せられた親戚や友人が「劳改」のために、入獄しているような時には、そのような処置をしている人に一撃を加えて世の道徳の規範が正当に評価されるようにしなければならない）(从维熙《中国当代作家丛书・从维熙》p.55 人民文学出版社 1998)

(1-24) 现在的问题，主要是我在厂里苦撑了这么几年，工资至今还欠着五个月，积累的意见也<u>很</u>不少，而且我也实在感到太累

了，所以我请求市委早日调整厂里的班子，我自动辞职，换一些年轻人有魄力的人来干。(現在問題になっているのは、主として私がここ数年工場で苦闘しているにもかかわらず、給料が今も五か月分しか支給されておらず、集まった苦情も少なくないということである。それに、私自身も本当に疲れていたので、市当局に工場の指導者の組織を早く改造するよう申し込み、私も自ら辞職して人事の若返りを図ろうとしていた)(晋平原《生死门》p.63 作家出版社 1998)

　前述の通り、B類の形容詞は対となる語が多いが、一方、その否定形式は肯定形式とは反対の意味を表わしていながら、肯定形式と同様に相対的な程度性を持っている。たとえば、"不高"と"不低"はそれぞれその肯定形式の"高""低"とは意味的に対立し、婉曲的な程度評価に用いることができる。"很"が表わす文法的意味はその程度性を強調することである。

　"太""忒"は過度を表わし、ある事象を主観的に形容し、明確な程度評価に用いられるのだが、しかし、中性的な意味を持つ形容詞を修飾する場合には、暗示的な意味を持っている。"很""太""忒"のような暗示的な意味を持っている程度副詞こそ、中性的な意味を持つ形容詞の否定形式を修飾できるのである。

　他の程度副詞は極端な程度性(たとえば"极""极其""极为"など)を表わしたり、確定的な程度性(たとえば"非常""十分""相当"など)を表わしたり、個人的な感情(たとえば"蛮""怪""挺"など)を端的に強調したりする場合に用いられるので、この種類の程度評価とするには不適格である。

　従来の研究では、"很"は中性的な意味を持つ形容詞の中で対となる語の負の方(あるいは概念の小さな方)を修飾するのみであり、たとえば"高"と"低"は意味的には相対的な形容詞だが、"很"は"低"の否定形式のみを修飾し、"高"の否定形式は修飾できないと多くの研究者は指摘して

いる[15]。しかし、この指摘は適切だとは言えない。

　たとえば、呂叔湘1965は「"很不"＋形容詞」という構造について、反対語を形成する形容詞の場合、消極的な意味を持つ語は"很不"に修飾されるが、積極的な意味を持つ語は"很不"に修飾されないとしている。そして、"多"と"少"、"大"と"小"、"轻"と"重"はいずれもある属性(数量、容量、重量)の単純な正と負の区別の表現であるが、このような場合は負の方に"很不"が用いられる(同p.345)と述べている。

　勺真1986は"很不"によって修飾されるかどうかについて次のように指摘している。この種類の形容詞の中で少量を表わす形容詞は"很不"によっては修飾されるが、多量を表わす形容詞は"很不"によっては修飾されることはない。少量を表わす形容詞からなる"很不A"という構造全体は、一定の程度、一定の数量に達していることを認めるべきだということを表わす(同p.69)と述べている。

　张国宪2006では"大""小""高""矮""厚""薄""长""短"などの否定形式は、"有点儿""很"によっては修飾されないと[16]記述されているが、実際には、(1-21)〜(1-22)が示すように、この種類の形容詞の否定形式も多くの程度副詞によって修飾される例が見られる。

　"很"は中性的な意味を持つ対となる形容詞の負の方(たとえば(1-23)(1-24))も、その正の方(例えば(1-21)(1-22))も修飾することができる。ただし、日常会話の中ではその負の方が程度副詞によって修飾される時はより自然な感じを受けるので、日常会話にもよく登場する。

　一方、その正の方の否定形式は程度副詞によって修飾される時は、少し硬い感じを受けるので、くだけた会話にはあまり出てこないのだが、文章の中に用いられると硬い感じがなくなってくる。その負の方はもとより、その正の方の否定形式にも相対的な程度性を持っているので、"很"によって修飾されると考えられる。二者の違いは文体的な違いだけに過ぎないと考えてよいだろう。

　事象の善悪という視点から考察すると、これらの形容詞は中性的意味

を持つ形容詞として、プラス的意味を持つ形容詞(たとえば"好(良い)""安全(安全だ)"など)とも、マイナス的意味を持つ形容詞(たとえば"痛苦(苦しい)""危险(危険だ)"など)とも異なっている。そして、それ自体に確定的な善悪の内容を備えているわけではないので、プラス・マイナスのどちらとも言えない。もちろん、これらの中性的意味を持つ形容詞はプラス的意味もマイナス的意味も表わすことができるが、ただその正負双方の否定形式には相対的な程度性が含まれているため、"很""太""忒"によって修飾されるのだと考えている。

動詞の否定形式を修飾するにあたって、"太""忒""极""非常""很""十分""相当""挺"などの程度副詞は、主としてＡ類の動詞及びＡ類の動詞的フレーズの否定形式を修飾する程度副詞である。これらの程度副詞は、いつも社会常識を基準にして事象を評価するのであって、ある特定の前提の下で程度の大小を評価するわけではない。これら程度副詞の表わす程度性は異なっているが、いずれも修飾語としてＡ類の動詞及びＡ類の動詞的フレーズの肯定形式と否定形式を修飾することができる。

非特定的比較を表わす程度副詞はその程度性の大小により、順番に配列することができる。もし基点をＸとし、極点をＹとするなら、ＸからＹの方へ移るにつれて程度性が次第に大きくなる。もしこれと反対にＹからＸの方へ移るとすれば、程度性は次第に小さくなっていくわけである。ＸとＹの間には程度差があって、その程度の大小に応じた程度評価の尺度が形成されることになる。

基点から極点までには、"有点""有些""非常""十分""相当""太""忒"などが存在するが、"非常""很""十分""相当"は基点から極点の中間にあるものと思われる[17]。"有点""有些"は基点の周辺にあるのに対し、"极""极其"は極点の周辺に位置するけれども、極点を越えるというまでには至らない。極点を越えているのが"太""忒"である。そうして、この種類の程度副詞は、専ら社会的な標準で事象を評価し、各々のクラスの程度性を表わすことになる。

"有点""有些"は低い程度性を表わすために、その修飾範囲はそれなりに制限されており、A類の動詞とA類の動詞的フレーズの肯定形式は修飾し難い。そして"??有点喜欢(「少し好きだ」の意)""??有些沉得住气(「少し気を落ち着かせることができる」の意)"などの言い方は成立しない。この点では非特定的比較を表わす他の程度副詞とは違っている。だが、A類の動詞やA類の動詞的フレーズの否定形式については含まれた程度性が低く、"有点""有些"の程度性に似通っており、低い程度の評価形式を"有点不喜欢(少し嫌いだ)""有些沉不住气(少し気を落ち着かせることができない)"などのように構成することができる[18]。修飾語と被修飾語は、それぞれに対応した程度性を持たなくてはならないからである。

別な角度から言えば、これらの動詞や動詞的フレーズは、その否定形式も肯定形式と同じような程度性を内包しているので、それぞれ異なった程度修飾を受け入れることができる。非特定的比較を表わす程度副詞の他、特定的比較を表わす程度副詞によっても修飾される。その肯定形式と否定形式は、それぞれ事象の積極的な一面と消極的な一面を評価するのに用いられ、互いに対立しながら統一された関係にある。その二つの形式はいずれも程度性を有しており、程度副詞によって修飾される対象となれるのである。

3.2. 特定的修飾

特定的比較を表わす程度副詞はA類・B類・C類の三種類の形容詞の否定形式を修飾することができる。この種類の程度副詞は特定された程度性を表わし、その修飾範囲は非特定的比較を表わす程度副詞より広いものと思われる。

"最"は話し言葉にも書き言葉にも用いられる程度副詞だが、"顶"は話し言葉にしか用いられない程度副詞である。"最""顶"は普通、三つあるいは三つ以上の事象を比較し、同じ種類の事象における最高の程度性を表わし、事象の典型性と極端性を強調する。"比较"は、事象の比較

の基準を暗示し、ある特定された状況下の否定の程度性を表わす程度副詞である。

　"更"は文体的には拘束を受けず、話し言葉にも書き言葉にも用いられる程度副詞である。そして、その強調した形と思われる"更加""更其""更为"は主として書き言葉に用いられる。"更""更加"は二つの事象あるいは同じ事象の二つの側面を比較するのに用いられ、累加の程度性を表わす。たとえば、(1-26)が示すように、阿康は米尼に比べてそれ以上のことは知らないということを示唆する[19]。また"越发""愈加"は、否定の程度が少しずつ増えることや、ある変化が起きることを強調し、ある状態や変化の程度が大きいことを表わす程度副詞である。

(1-25)　这规矩使远处来看热闹的人大觉可惜，男性的就一群一伙地在湖里追鱼戏闹，女性的则在岸边彼此呼应。各色人等姿态皆有，是湖畔村子最(顶)不寂寞的时候。(このような慣わしは外から見物に来た人を残念がらせていた。男の人は群がって、湖の中で魚を追いかけながらふざけあっていたが、女の人は岸で互いにさわいでいた。人々は様々な様子をしていて、湖畔の村は最もにぎわう時節であった)(贾平凹《中国当代作家选集丛书・贾平凹》p.180 人民文学出版社 1998)

(1-26)　阿康说：问你自己呀！我不知道，米尼说。阿康就说：我更(??更加/*更其/*更为)不知道了。(阿康は「あなたが自分自身に聞いてよ」と言った。「あたしは知らないよ」と米尼は言った。そうすると、阿康は「私もそれ以上のことは知らないのよ」と応じていた)(王安忆《米尼》p.105 作家出版社 1996)

　"最""顶""更""越发""愈加""格外""尤其"は、ある前提の下で事象の程度性を比較し、その比較の範囲が特定されており、それなりの

文法的環境を保有している。たとえば、"最""顶"は最高の程度性を強調し、連体修飾構造に多用される(たとえば(1-25))[20]。これらの文法構造に助けを借りれば、各種の異なった特定的な程度性を表わすことができる。

　従来の先行研究では、"比较"は形容詞の否定形式を修飾できないと指摘されてきた。たとえば、《现代汉语八百词》1984、侯学超《现代汉语虚词词典》1998 はいずれも"比较"は否定形式を修飾しえないと述べている。また、张国宪 2006 は"比较"は肯定の比較にしか用いられないと(同 p.149 参照)述べているが、しかし、"比较"は形容詞の否定形式や助動詞の否定形式などをも修飾することができると筆者は考えている。たとえば、

(1-27)　至于有一些人发生了一点事情就会产生不分场合的冲动,有到处哭泣和倾诉的欲望,那是幼稚可笑的,是<u>比较</u>不聪明的人。(人はちょっとしたことでも、場所を問わずに衝動的に泣いたり自分の言いたいことを言ったりする。それは幼稚で笑うべきことだ。それほど聡明な人のやることではない)(池莉〈云破处〉李复威主编《女性体验小说》p.137 北京师范大学出版社 1999)

(1-28)　辛建生对吴吞的感觉<u>比较</u>不容易说清楚。(辛建生が呉吞に対する感じをはっきり言うことは、そう簡単なことではなかった)(张抗抗《中国当代作家选集丛书・张抗抗》p.168 人民文学出版社 1996)

　ただし、"比较"の類義語である"较比""较为""较"は形容詞の否定形式や助動詞の否定形式を修飾しにくい。普通、"??他是个较比不聪明的人""??他是个较不聪明的人"などのような言い方は成立しない。
　"尤其""格外"は、ある事象が比較の範囲あるいは比較の対象の中で

目立つことを取り上げて、その顕著な状況が鮮明な特色を具有することを示している。たとえば、(1-29)では、他の人の親切すぎる態度と比較してみて、"尤其""格外"は、いずれも彼女が男性の親切すぎる態度に慣れない度合いが他の人の場合を遥かに超えており、特に程度性が大きいことを強調している。"尤其"は「彼女が男性の親切すぎる態度に適応できない」ということの程度性を浮き彫りにし、その状態が突出することを形容している。"格外"はその程度性が普通の標準を上回っていて、普通でないことを強調する。

(1-29) 自从当上教导员，她便很不习惯別人用过分亲热的举动对待自己了，<u>尤其</u>不习惯男性过分亲热的对待。((大隊の)政治指導員になってから、彼女は他の人が親切すぎる態度で彼女に接してくること、特に男性が親切すぎる態度で彼女に接してくることには、中々慣れなかった)(梁晓声《雪城(上)》p.15 北京出版社・北京十月文艺出版社 1996)

(1-30) 这样她就含辛茹苦啊，她就显得<u>格外的</u>不容易啊，把裁云拉扯大更是恩重如山了。(このように彼女は辛酸をなめてきたのよ。特に彼女の暮らしは容易なことではなかったよ。裁雲を苦労して育ててくれた御恩は山に例えられるほど高いのよ)(张欣〈有些人你永远不必等〉《中国年度最佳中篇小说(下)》p.227 漓江出版社 2004)

特定的比較を表わす程度副詞には一つの共通点がある。特定的比較を表わす程度副詞は、いずれも社会的な標準による事象の評価を行うのではなく、先ずある比較の範囲もしくは比較の対象を特定し、その範囲内の程度性を強調するということである。そして、その程度性は相対的な一面を持っていて、主として事象の特殊性を強調することである。更に、

その特殊性は、特定的比較という前提の下で確立されたものだということである。

　特定的比較を表わす程度副詞は、B類の動詞やB類の動詞的フレーズの否定形式を修飾できるという点では、非特定的比較を表わす程度副詞とは違っている。非特定的比較を表わす程度副詞は事象の普遍性を強調しても、事象の特殊性を強調しないから、相対的な比較の前提を持っていないのに対して、特定的比較を表わす程度副詞は特定的な比較の範囲と対象を持っており、比較の範囲と対象を設けることにより、特殊な事象と個別的な事象を強調することになる。勿論、比較の範囲と対象とは特定されているので、その程度性には相対的な意味が含まれている。

　注意すべきことは、この種類の程度副詞は、A類の動詞やA類の動詞的フレーズの否定形式を修飾する時にも、ある前提の下での否定の程度性を強調する。つまり、特定的比較を表わす程度副詞はB類の動詞やB類の動詞的フレーズを修飾するにしても、A類の動詞やA類の動詞的フレーズを修飾するにしても、ある特定的な意味を含んでいる。また3.1.で述べた非特定的比較を表わす程度副詞に対し、特定的比較を表わす程度副詞は事象の普遍性を強調するのではなく、事象の特殊性を強調し、相対的な比較を前提としている。これこそ特定的比較を表わす程度副詞と非特定的比較を表わす程度副詞の最も根本的な違いなのではなかろうか。

　特定的比較を表わす程度副詞は広い修飾の範囲を持っているが、しかし、その修飾の範囲は相対的なものである。それらは相対的な状態や事象(たとえば、B類の動詞及びA類、B類の動詞的フレーズ)を修飾するだけに止まり、動作や行為(たとえばC類の動詞)については修飾できない。また、絶対的な状態(たとえば、D類の動詞)も修飾できない。この点では非特定的比較を表わす程度副詞とは全く違っている。現代中国語の程度副詞は動詞の否定形式を修飾する時、相対的な状態の程度性だけを修飾し、絶対的な状態の程度性を修飾できない。また否定の動作あるいは行為をも

修飾することができないと言える。

　被修飾語から言えば、相対的な状態と程度性を含む動詞は程度副詞によって修飾される。A類とB類の動詞やA類とB類の動詞的フレーズが程度副詞によって修飾されるのは、それ自体に相対的な状態性と程度性を含んでいるからである。D類の動詞は相対的な状態性と程度性を持っていないため、程度副詞によって修飾される対象とはならない。その肯定・否定の両形式はいずれも程度修飾を受けられないのである。C類の動詞は動作性だけがあって、状態性は持っておらず、その肯定形式は程度副詞による量的修飾を受けられるが、その否定形式は相対的な程度修飾を受けられない。

　このように、動詞の内部にも大きな差が見られる。肯定形式と否定形式が相対的な状態性と程度性を持つことは、程度副詞による修飾を受け入れることの必要前提条件となっている。その前提条件がなければ、程度副詞と動詞との文法的関係は成立しない。これが現代中国語の文法の重要な特色の一つである。

3.3. 意味的特徴

　非特定的比較を表わす程度副詞は、主にプラス的意味を持つ形容詞の否定形式を修飾して、否定の状態を言い表わすことになる。プラス的意味を持つ形容詞はその肯定形式にも否定形式にも、同等な程度修飾の受容領域を持っている。

　ここで、程度修飾の受容領域について触れてみたい。

　程度修飾の受容領域とは被修飾語の程度副詞による程度修飾を受ける性質の幅のことである。

　被修飾語には様々な種類のものがある。程度修飾を受けられる語も程度修飾を受けられない語もある。程度修飾を受けられる語は、程度副詞によって修飾されるだけの性質を持っているから、程度修飾の受容領域があると考えられる。一方、程度修飾を受けられない語は、程度副詞に

よって修飾されるだけの性質を持っていないため、程度修飾の受容領域を保有していないと言える。

被修飾語の肯定・否定の両形式について言えば、肯定形式と否定形式がいずれも程度修飾の受容領域を持っている語もあれば、肯定形式と否定形式が程度修飾の受容領域を持っていない語もある。また、肯定形式は程度修飾の受容領域を持っているものの、否定形式は程度修飾の受容領域を持っていない語もあれば、否定形式は程度修飾の受容領域を持っており、肯定形式も程度修飾の受容領域を持っている語もある。

程度修飾の受容領域を保有している被修飾語は、程度副詞によって修飾されるだけの性質の幅が同じだとは言えない。幅の広い語もあれば、幅の狭い語もある。即ち受容領域の大きい語も受容領域の小さい語も存在する。程度修飾の受容領域の大きい語については、程度修飾を受けるだけの性質の幅が広くて、様々な程度副詞による修飾が可能なので、過度を表わす"太"や極度を表わす"极"や程度の大きいことを表わす"非常""十分""很"などの修飾を受けることができるように、広い領域があるものと考えられる。それに対し、程度修飾の受容領域の小さい語は、後述するように限られた程度副詞にしか修飾されないことから、広い領域は考えられないと言える。

"好""安全"を例にとって説明すると、その肯定形式は広い程度修飾の受容領域を持っているから、各種の程度修飾を受けることができる。たとえば、"太好了""太安全了""极好""极安全""非常好""非常安全""十分好""十分安全""相当好""相当安全""很好""很安全""挺好""挺安全"などのように、その肯定形式は程度副詞によって修飾されるが、その否定形式も肯定形式と同じぐらいの程度修飾の受容領域を持っているので、(1-31)(1-32)のように"极""非常""十分""相当""很""挺"などによって修飾される。

(1-31)　那时他家的居住条件<u>很</u>(极/非常/十分/相当/挺)不好。(当時、

彼の家の居住条件はとても悪かった)(梁暁声《自白》p. 411 经济出版社・陕西旅游出版社 1997)

(1-32) ｛极/非常/十分/相当/挺｝不安全。(きわめて不安全だ)

　この種類の形容詞はその肯定形式と否定形式が持っている程度修飾の受容領域はバランスが取れている。そのため、肯定・否定の両形式は多様な程度修飾を受けることができるのである。ところが、この二つの形式に含まれる程度性は異なっており、その肯定形式には高い程度性が含まれているが、その否定形式には低い程度性が含まれていると考えている。

　一方、"有点""有些"はそれ自体に含まれる程度性が弱く、低い程度性を含む否定形式だけを修飾の対象としている。そして、プラス的意味を持つ語の肯定形式は高い程度性を含んでいるので、"有点""有些"はその肯定形式については修飾し難いので、"??有点好""??有点安全""??有些好""??有些安全"などの言い方は成立しないものと思われる。これは修飾語と被修飾語の程度性の不一致によるものである。修飾語としては被修飾語より高い程度性を持たなくてはならないが、"有点""有些"の程度性は"好""安全"のそれを下回っているので、"好""安全"に対しては修飾語としての機能を果たせないのである。

　しかし、"有点""有些"は"有点不好(ちょっと悪い)""有点不安全(ちょっと危ない)""有些不好(ちょっと悪い)""有些不安全(ちょっと危ない)"などの例に見られるように、その否定形式を修飾することができる。その否定形式は"不好(良くない)""不安全(安全でない)"のように、いずれも好ましくない事象を表わすのに用いられる。マイナス的意味を表わす否定形式は低い程度性を具有し、"有点""有些"などのような低い程度性を表わす程度副詞によって修飾される。これはプラス的意味を持つ形容詞の肯定形式と否定形式は意味的に相反しているだけでなく、程度の

配置の上にも大きい差があることの証拠である。その差はそれぞれの程度修飾の受容領域を規定しているものと思われる。

　非特定的比較を表わす程度副詞は、多くのマイナス的意味を持つ形容詞の否定形式を修飾することができない。たとえば、"痛苦""危险"はその肯定形式と否定形式は、程度修飾の受容領域が配置上バランスが取れてなく、肯定形式は広い程度修飾の受容領域を持っているのに対し、否定形式は特定的な程度修飾の受容領域(以下詳述する)しか持っておらず、非特定的な程度修飾の受容領域は持っていない。つまり、

　　　(1-33)　　太{极/非常/十分/相当/很/挺}痛苦。(非常に辛い)

などの言い方は成立するし、

　　　(1-34)　　{有点/有些}痛苦。(ちょっと辛い)

などの言い方も成立する。しかし、

　　　(1-35)　　*{太/极/非常/十分/相当/很/挺/有点/有些}不痛苦。

などのような言い方は成り立たない。
　前にも述べたが、プラス的意味を持つ形容詞の肯定形式には高い程度性が含まれているが、その反面、否定形式には低い程度性が含まれている。これは肯定形式はプラス的意味を表わし、否定形式はマイナス的意味を表わすことになるからである。しかし、マイナス的意味を持つ形容詞の肯定形式には低い程度性が含まれており、その否定形式にも低い程度性が含まれている。そのため、否定形式は非特定的な程度修飾の受容領域を備えていないから、積極的で好ましい事象を表わすのには用いられないことになるのである。

たとえば、"痛苦""危险"は消極的で好ましくない事象を表わしている。その否定形式である"不痛苦(辛くない)""不危险(危なくない)"は、肯定形式とは反対の意味を表わしているものの、程度性が低いので、その反対語である"快乐""安全"と同じ意味を表わすわけではない。"不痛苦""不危险"はただ辛くない、危なくないといった意味を表わすだけであり、"快乐""安全"の意味を表わすことにはならない。"快乐(楽しい)""安全(安全だ)"とその否定形式である"不快乐(楽しくない)""不安全(安全ではない)"は、反対の意味を表わすが、"不快乐""不安全"は必ずしも"痛苦(辛い)""危险(危ない)"とは限らないし、又、"不痛苦""不危险"も"快乐""安全"であるとは限らない。二者は意味的には接近しているだけであって、同じレベルにある、同等な程度性を表わすわけではない。したがって、マイナス的意味を持つ形容詞の否定形式は、非特定的比較を表わす程度副詞によっては修飾されない。

　通常、好ましいことを強調する時には、正面から積極的にそれを評価しなくてはならない。マイナス的意味を持つ形容詞の否定形式は、評価されるだけの程度性を備えていないから、好ましい事象の評価には用いられない。もちろん例外もある。たとえば、"坏(悪い)""赖(良くない)"など少数のマイナス的意味を持つ形容詞の否定形式は、

　　〇很不坏。　　（とてもいい）
　　〇很不赖。　　（とてもいい）
　　〇太不赖了。（非常にいい）
　　〇太不坏了。（非常にいい）

のように、"很""太"には修飾されるが、

　　×极不坏。
　　×极不赖。

×十分不坏。

×十分不赖。

×相当不坏。

×相当不赖。

×挺不坏。

??挺不赖。

などに見られるように、"极""十分""相当""挺"には修飾されない。"坏(悪い)""赖(良くない)"の否定形式である"不坏(悪くない)""不赖(悪くない)"は、程度性は低く、表わされる意味も強くないが、しかし、それらが備えている特定的な程度修飾の受容領域は、"很""太""忒"にしか修飾されない。

"很不坏""很不赖"は程度性は"很好"ほど高くはなく、意味も明瞭ではないものの、しかし、それらは特有な修辞法として、一種の婉曲的で軽微な程度を表わすことができる。"很好"は正面から事象を断定的に形容し、個人的な感情を滲ませており、客観的な評価にはあまり相応しくないと思われる。一方、"很不坏""很不赖"は客観的に事象を評価し、聞き手に対しては婉曲的で含蓄ある感じを与えることができるから、表現の効果が期待されると考えられる。

対になる中性的意味を持つ形容詞の否定形式は、その対になる語が互いに反対の意味を成していて、プラス的意味も表わさないし、マイナス的意味も表わさないで、ただ一つの属性がもう一つの属性に移行するといった中間的状態を表わすだけである。たとえば、"高(高い)"と"低(低い)"の否定形式である"不高(高くない)""不低(低くない)"だが、"不高(高くない)"は必ずしも低いとは言えず、同じように、"不低(低くない)"も高いとは言えない。その肯定形式は、他の形容詞と同じような広い程度修飾の受容領域を持っているものの、その否定形式の程度修飾の受容領域は非常に限られ、ただ"很""太""忒"によって修飾されるのみで

ある。

　普通に言えば、"高(高い)"と"低(低い)"の場合、前者を正、後者を負として、負の方を表わす語の否定形式は"很"によって修飾される。この点についての従来の研究は既に前述の通りである。しかし、一部についてはまだ触れられていない点もある。たとえば、"很"が負の方の否定形式を修飾する場合は、どのような文法的意味を表わすのかについて述べられていないという点である。たとえば、

　　○水平很高。(レベルがとても高い)
　　○水平很不低。(レベルがかなり高い)

における"高(高い)"の肯定形式と"低(低い)"の否定形式はどちらも成立するが、前者は正面から事象を評価しているから、断定的な意味を表わし、しかもはっきりした主観的な表現と考えられる。それに対し、後者は相対的に事象を評価する内容になっており、断定的な意味を表わさず、婉曲的なニュアンスでレベルの高いことを暗示するという表現と考えられる。"很"が負の方の否定形式を修飾できるのは、負の方の否定形式が広い概念を表わし、広い範囲を指すからである。"不低(低くない)""不少(少なくない)""不慢(遅くない)""不小(小さくない)"の程度性は、その反対語の"高(高い)""多(多い)""快(速い)""大(大きい)"ほどは高くないが、しかし、これらの負の方の否定形式は広い概念を表わし、また広い範囲を指しているから、レベルが高いことや数量が多いこと、速度が速いこと、規模の大きいことを暗示している。
　また、その負の方の否定形式は婉曲的な程度評価にも適合し、"很"が強調する程度性とは一致しているが、一方、その正の方の否定形式は意味的には狭い範囲を指しており、"很"が強調する程度性とは一致しないので、程度の高いことの暗示には用いられない。前述のとおり、"很"はその正の方をも修飾できる。これは"很"の修飾範囲が拡大されつつあ

ることの現われでもある。中性的意味を持つ形容詞は特定的な感情色彩を帯びていないため、程度副詞によって修飾されやすいと考えられる[21]。

　特定的比較を表わす程度副詞は、A類の形容詞を修飾する時に、特定的な程度性を表わすという点では、非特定的比較を表わす程度副詞と違っている。非特定的比較を表わす程度副詞は非特定的な程度性を表わすのに対し、特定的比較を表わす程度副詞は特定的な程度性を表わす。即ち、特定的比較を表わす程度副詞と非特定的比較を表わす程度副詞は、同じ種類の形容詞を修飾する時に、それぞれ異なった意味を表わしている[22]。

　また、非特定的比較を表わす程度副詞は、"太""忒""很"の他、"坏""赖"及び中性的意味を持つ形容詞の正の方の否定形式を修飾することができない。しかし、特定的比較を表わす程度副詞は、"坏""赖"及び中性的意味を持つ形容詞の正負双方の否定形式を修飾することができる。たとえば、"他的水平最不高(彼のレベルは最も高くない)""他的水平更不高(彼のレベルはさらに高くない)"などがそれである。

　B類の形容詞はマイナス的意味を持つ語が多いが、プラス的意味を持つ語も僅かながらある。しかし、プラス的意味を持つ形容詞であってもマイナス的意味を持つ形容詞であっても、その肯定形式と否定形式の程度修飾の受容領域の分布はアンバランスである。これらの形容詞は、その肯定形式は非特定的比較を表わす程度副詞によって修飾されるが、その否定形式は特定的な程度修飾しか受けられない。否定形式は普通好ましいことを表わし、ただ特定的な前提のある状態を表わすだけである。

　たとえば、"最"は連体修飾構造に助けを借りて被修飾語への修飾の機能を果たすことができるが、一方、"更"は累加の程度を表わす構造に用いられ、また"比"構文にも用いられる。いずれにせよ、特定的比較を表わす程度副詞は、特定的な程度性を修飾するのである。"最不高(最も高くない)"と"最不低(最も低くない)"、そして"更不高(もっと高くない)"と"更不低(もっと低くない)"について言えば、どちらも正反対な程度性

を強調するだけであり、"很""太""忒"におけるような示唆的な働きを持っているわけではない。"最""更"及びその特定的比較を表わす程度副詞は事象の暗示には用いられず、比較の範囲や対象を明確に指定し、ある程度性の特定に用いられる。

　非特定的比較を表わす程度副詞と特定的比較を表わす程度副詞は、修飾の対象を異にしているので、文法的特徴や語意の指向もそれぞれ異なっている。特定的比較を表わす程度副詞の修飾の範囲は非特定的比較を表わす程度副詞を上回るものの、しかし、それは相対的に述べているのみである。それは特定的比較を表わす程度副詞はⅡの各種類の形容詞を修飾できないからである。こうして、この二種類の程度副詞の形容詞の否定形式修飾の用法は、その肯定形式修飾の用法より使用範囲が狭く、多くの制限を受けていることが分かる。

　相対的な状態性と程度性を持つ動詞や動詞的フレーズは、程度副詞によって修飾されるということは形容詞の場合と共通している。

　A類の動詞はプラス的意味を持つ動詞として、その肯定形式は積極的で好ましい事象を表わすのに用いられ、その否定形式は消極的で好ましくない事象を表わすのに用いられる。二者は事象の正反対の二つの側面を表わし、一般的な社会通念による事象の評価に用いられている。そして、その肯定形式と否定形式はいずれも開放的な性質を備えており、共通な程度修飾の受容領域を持っている。例えば、"重視(重視する)"は、

(1-36)　{極/非常/十分/相当/很/颇/挺/蛮/最/顶/更/比较/特別/格外/尤其}重視。(非常に重視する)

のように、多様な程度副詞によって修飾される。その否定形式も肯定形式と同様に多様な程度副詞によって修飾される。たとえば、

(1-37)　{極/非常/十分/相当/很/颇/挺/蛮/最/顶/更/比较/特別

/格外/尤其}不重視。(ひどく軽視する)

などがそれである。それで、その肯定形式と否定形式は程度修飾の受容領域の配置上、共通していると言える。しかし、肯定形式と否定形式に含まれる程度性は違っている。肯定形式は積極的で好ましい事象を表わすから、そのプラス的意味に含まれる程度性は極めて高く、通常、それなりの高い程度修飾を受けるけれども、低い程度修飾は受け入れられない。通常は、

(1-38)　??{有点/有些}重視。(「重視する」の意)

などの言い方は成立しない。"重視(重視する)"という動詞自体に非常に高い程度性が含まれており、高い程度修飾を受けることによってはじめてその程度性と調和されるが、"有点""有些"の程度性と"重視"自体に含まれる程度性とが矛盾しているため、調和しにくいのである。

ところが、"重視"の否定形式である"不重視(重視しない)"は、

(1-39)　{有点/有些}不重視。(あまり重視しない)

のように、消極的で好ましくない事象を表わすが、そのマイナス的意味に含まれる程度性も低いので、"有点""有些"による修飾が可能である。

　これはその肯定形式の程度性は否定形式の程度性を上回っているが、その肯定形式の程度修飾の受容領域は否定形式を下回っていると考えられるからである。

　プラス的意味を持つ動詞の肯定形式と否定形式は、それぞれ特定的な性質と非特定的な性質の程度修飾の受容領域を持っているため、非特定的比較を表わす程度副詞と特定的比較を表わす程度副詞によっても修飾される。ところが、個別的なプラス的意味を持つ動詞、たとえば、"感謝

(感謝する)""感激(感激する)"の否定形式は、特定的な程度修飾の受容領域しか持っていないので、特定的比較を表わす程度副詞には修飾されるが、非特定的比較を表わす程度副詞には修飾されない。

　マイナス的意味を持つ動詞の肯定形式と否定形式は、程度修飾の受容領域の配置上、バランスが取れてない。その肯定形式は非特定的な程度修飾と特定的な程度修飾を受けるため、非特定的比較を表わす程度副詞と特定的比較を表わす程度副詞のいずれにも修飾される。たとえば、

(1-40)　｛極／非常／十分／相当／很／蛮／怪／颇／有点／有些｝担心。(相当心配する)

(1-41)　｛最／顶／更／比较／特别／格外／尤其｝担心。(非常に心配する)

(1-42)　｛?最／?顶／?更／?比较／??特别／?格外／?尤其｝不担心。(特には心配しない)

　この種類の動詞の肯定形式は程度性が非常に低いので、低い程度性を表わす副詞によっても修飾される。この点ではプラス的意味を持つ動詞の肯定形式の場合と違っている。その否定形式は肯定形式と異なり、特定的な程度修飾の受容領域だけを持っているから、特定的比較を表わす程度副詞にしか修飾されないことになる。

　このように、好ましい事象を評価する時には、その事象に高い程度性が含まれており、そのプラス的意味を表わす動詞にも高い程度性を備えることが求められる。一方、マイナス的意味を持つ動詞の否定形式の含む程度性は低いため、好ましい事象を表わすのに用いられない。それで、この種類のマイナス的意味を持つ動詞の否定形式は、特定的な程度性しか認められないのである。

　C類の動詞は典型的な動詞として動作や行為などを表わすのに多用さ

れるという点では、A類とB類の動詞とは違っている。A類とB類の動詞はそれ自体に含有されたプラス的意味・マイナス的意味によって、それ自体の程度修飾の受容領域を規定しているのに対し、C類の動詞はそれ自体には別にプラス的意味かマイナス的意味を含んでいるのではなく、ただ量性を含んでいる。その量性とは動作が持続した時間あるいは動作に含有される時間・数量のことである。これらの動詞はそのような量性を含んでいるから、量的修飾を受けることができる。その肯定形式は広い程度修飾の受容領域を持っており、又、"很跑了一些地方(随分回った)" "稍微吃了一点(ほんの少し食べた)"などのように、程度副詞による量的修飾も受けることができる。しかし、この種類の動詞は、相対的な状態性と程度性を持っていないから、典型的な程度副詞による修飾の対象とはならない[23]。たとえば、

(1-43) *{极/非常/十分/相当/很/颇/怪/挺/蛮/有点/有些/最/顶/更/比较/特别/格外/尤其/越发}跑。

における言い方はいずれも成立しない。C類の動詞は量性しか保有しないから、程度副詞による量的修飾だけを受ける。その否定形式は相対的な量性は保有しておらず、相対的な程度性も保有していない。つまり、否定形式は、肯定形式におけるような程度修飾の受容領域を持っておらず、相対的な量性修飾は受けられない。たとえば、

(1-44) *{极/非常/十分/相当/很/颇/怪/挺/蛮/有点/有些/最/顶/更/比较/特别/格外/尤其/越发}不跑。

に見られるように、ここに例示した程度副詞には"不跑(走らない)"は修飾されないのである。

要するに、C類の動詞はその肯定形式と否定形式はいずれも、程度副

詞によって求められる程度性を備えていないため、程度副詞とは関係しないのである。

　D類の動詞は心理活動を表わすものであり、固定した状態を表わすのに用いられ、その肯定形式と否定形式は、相対的な状態性と程度性を付与されていないから、程度修飾の受容領域を備えていないことになる[24]。

　たとえば、"忘记(忘れる)""忘(忘れる)"などの動詞は、"完全忘记了(完全に忘れた)""全忘了(完全に忘れた)"のように、完全な意味を表わす副詞によっては修飾されるが、しかし、相対的な程度修飾は受けられない。

　言い換えれば、D類の動詞はその肯定形式と否定形式には両方とも程度性を持っていながら、開放的ではない。また、B類の動詞のように肯定形式は特定的な程度性を備えており、半ば開放的ではない。C類の動詞のように否定形式には量性を備えていないし、その肯定形式にも量性が含まれていない。その特色として、D類の動詞はある固定した変わらない状態を表わし、絶対性を含有しているため、その肯定・否定の両形式が全部閉鎖的であり、全く程度修飾の受容領域[25]を備えていないのである。

　程度副詞は、主として程度性を含む動詞を修飾することになるが、程度性を含む動詞は、動詞全体の中で数が少なく、プラス的意味を持つ動詞とマイナス的意味を持つ動詞に限られる。

　非特定的比較を表わす程度副詞は、プラス的意味を持つ動詞の否定形式しか修飾できないのに対し、特定的比較を表わす程度副詞は、プラス的意味を持つ動詞の否定形式とマイナス的意味を持つ動詞の否定形式のいずれも修飾することができる。

　程度性を持たない動詞と絶対的な程度性を持つ動詞は程度副詞に修飾されることはない。動詞全体の中で動作・行為を表わす動詞は多数を占めているが、プラス的意味を持つ動詞とマイナス的意味を持つ動詞は少数に止まっている。つまり、程度副詞は少数のプラス的意味を持つ動詞とマイナス的意味を持つ動詞としか関係しないと言える。程度副詞の動

詞の否定形式への修飾には限界があり、すべての動詞を修飾するわけではない。

4. まとめ

中国語の程度副詞は肯定命題と否定命題を修飾し、正と負の状態修飾に対してはいずれも機能することができる。否定命題への修飾の目的は消極的な、好ましくない事象を評価することにある。これが中国語の程度副詞の重要な特色の一つであり、また、中国語の程度評価システムの中における有機的な構成要素でもある。

非特定的比較を表わす程度副詞と特定的比較を表わす程度副詞は、いずれも動作や行為を修飾できず、また、絶対的な状態も修飾することができない。非特定的比較を表わす程度副詞は、被修飾語におけるプラス的意味かマイナス的意味かという意味に制限されるから、主としてプラス的意味を持つ形容詞や動詞及び動詞的フレーズの否定形式を修飾することになる。それに対し、特定的比較を表わす程度副詞は、被修飾語におけるプラス的意味かマイナス的意味かという意味には拘らず、プラス的意味を持つ形容詞や動詞及び動詞的フレーズの否定形式も、マイナス的意味を持つ形容詞や動詞及び動詞的フレーズの否定形式も修飾することができる。

否定形式が程度副詞による修飾の対象となれるのかどうかは、その否定形式が相対的な状態性と程度性を備えているかどうかによって決められる。形容詞にせよ、動詞や動詞的フレーズにせよ、相対的な状態性と程度性を有していれば、その否定形式は程度副詞によって修飾される。そして、相対的な状態性と程度性を有していなければ、その否定形式は程度副詞によって修飾されないということになる。

第一章　否定命題への修飾　63

品詞\種類\程度副詞	形容詞					動詞				動詞的フレーズ	
	A類 好 稳	B類 高 低	C類 勇 敢	D類 愚 蠢	E類 正 式	A類 注 意	B類 反 对	C類 吃 喝	D類 忘 记	A類 听 话	B類 伤 脑 筋
太	○	○	×	×	×	○	×	×	×	○	×
忒	○	○	×	×	×	○	×	×	×	○	×
过于	△	×	×	×	×	×	×	×	×	△	×
极	○	×	×	×	×	○	×	×	×	○	×
极其	○	×	×	×	×	○	×	×	×	○	×
极为	○	×	×	×	×	○	×	×	×	○	×
非常	○	×	×	×	×	○	×	×	×	○	×
异常	△	×	×	×	×	×	×	×	×	×	×
十分	○	×	×	×	×	○	×	×	×	○	×
万分	×	×	×	×	×	×	×	×	×	×	×
相当	○	×	×	×	×	○	×	×	×	○	×
特别	○	×	×	×	×	○	×	×	×	○	×
很	○	○	×	×	×	○	×	×	×	○	×
颇	○	×	×	×	×	○	×	×	×	○	×
颇为	×	×	×	×	×	×	×	×	×	×	×
其	×	×	×	×	×	×	×	×	×	×	×
其为	×	×	×	×	×	×	×	×	×	×	×
挺	○	×	×	×	×	×	×	×	×	△	×
蛮	○	×	×	×	×	×	×	×	×	△	×
怪	○	×	×	×	×	×	×	×	×	△	×
有点	○	×	×	×	×	○	×	×	×	○	×
有些	○	×	×	×	×	○	×	×	×	○	×
最	○	○	○	×	×	○	○	×	×	○	△
顶	○	○	○	×	×	○	○	×	×	○	△

词	1	2	3	4	5	6	7	8	9	10	11
更	○	○	○	×	×	○	○	×	×	○	△
更加	○	○	○	×	×	○	○	×	×	○	△
更其	×	×	×	×	×	×	×	×	×	×	×
较	×	×	×	×	×	×	×	×	×	×	×
比较	○	○	○	×	×	○	○	×	×	○	△
较比	×	×	×	×	×	×	×	×	×	×	×
格外	○	×	×	×	×	○	○	×	×	○	×
尤其	○	○	○	×	×	○	○	×	×	○	△
尤	○	○	○	×	×	○	○	×	×	○	△
越发	○	○	○	×	×	○	○	×	×	○	○
愈加	○	×	×	×	×	○	○	×	×	○	×
还	×	×	×	×	×	×	×	×	×	×	×
再	×	×	×	×	×	×	×	×	×	×	×
稍微	×	×	×	×	×	×	×	×	×	×	×
略微	×	×	×	×	×	×	×	×	×	×	×
多少	×	×	×	×	×	×	×	×	×	×	×
稍	×	×	×	×	×	×	×	×	×	×	×
稍稍	×	×	×	×	×	×	×	×	×	×	×
稍为	×	×	×	×	×	×	×	×	×	×	×
稍许	×	×	×	×	×	×	×	×	×	×	×
略	×	×	×	×	×	×	×	×	×	×	×
略略	×	×	×	×	×	×	×	×	×	×	×
微微	×	×	×	×	×	×	×	×	×	×	×
些微	×	×	×	×	×	×	×	×	×	×	×

第二章
被修飾語の重ね型への修飾

1. 概観

1.1. はじめに

　程度副詞は状態性・程度性のある被修飾語（形容詞）の原形[26]を修飾することを基本としているが、語によっては被修飾語の重ね型[27]も修飾することができる。"极""很"などは、被修飾語の原形を修飾するだけに止まり、その重ね型は修飾することができない。一方、"有点""有些"は被修飾語の原形だけでなく、その各種の重ね型も修飾することができる。それは以下のように例に見ることができる。

(2-1)　当时场面<u>有点</u>冷。（その時は少し冷ややかな雰囲気だった）

(2-2)　韩丁今晚的举动、言语都<u>有点</u>怪怪的。（韓丁の今夜の振るまいや言葉遣いは少しおかしかった）（海岩《拿什么拯救你 我的爱人》p.207 作家出版社 2001）

(2-3)　他态度<u>有点</u>冷冷的。（彼は少し冷ややかな態度だった）

(2-4)　当时场面<u>有点</u>{有些/太/极/很}冷清。（その時は少し冷ややかな雰囲気だった）

(2-5) 当时场面<u>有点</u>{有些/*太/*极/*很}冷清清。(その時は少し冷ややかな雰囲気だった)

(2-6) 当时场面<u>有点</u>{有些/太/*极/*很}冷冷清清。(その時は少し冷ややかな雰囲気だった)

"有点""有些"は"冷(寒い、冷たい)"という形容詞を修飾する時、その原形はもとより、そのＡＢ式とＡＢＢ式とＡＡＢＢ式のいずれも修飾することができる。ところが、"高兴(嬉しい)"を修飾する場合は、"了"と共起しなくてはならず、その上、ＡＢＡＢ式とＡＡＢＢ式を修飾の対象とすることはできない。

(2-7) ??他现在有点高兴。

(2-8) 他现在<u>有点</u>高兴了。(彼は今は少し嬉しくなった)

(2-9) *他现在有点高兴高兴。

(2-10) ??他现在有点高高兴兴。

(2-11) *他现在{最/更}高高兴兴。

なぜ、"有点""有些"などは(2-5)(2-6)のように被修飾語の重ね型を修飾できるのに対し、"极""很"などは被修飾語の重ね型を修飾できないのか。

本章では程度副詞と形容詞の重ね型との関係について考察し、どの種類の程度副詞が形容詞の重ね型を修飾し、どの種類の程度副詞が形容詞の重ね型を修飾できないのか、そして、形容詞の重ね型がどのような文

法的意味と性格を持っているのかを明らかにしていく。

1.2. 先行研究

1.2.1. 程度副詞について

《现代汉语虚词例释》1982、《现代汉语八百词》1984、《现代汉语副词分类实用词典》1989、《现代汉语虚词辞典》1998 などは、程度副詞と形容詞の重ね型との関係については述べられてない。

石毓智 1992 では、程度副詞"有点""很""最"によって修飾されるかどうかを基準にして、形容詞を"非定量形容詞"と"定量形容詞"の二種類に分類し、二者の文法的機能について分析している。ところが、氏は"有点"の特殊性を考慮しないで、"有点"は"很""最"と同じで形容詞の重ね型を修飾できないとしている。同氏の形容詞の重ね型の前に打ち消しを表わす"不""没"を加えられないとする考え方は正しいが、"有点"が形容詞の重ね型を修飾できないという観点は適切だとはいえない[28)]。

张亚军 2002 は程度副詞は形容詞の重ね型を修飾する機能が付与されていないと述べている(同 p. 128-129)。

张谊生 2007 では程度副詞は状態形容詞(B＋A/各種の重ね型)を修飾できないとした上で、次のように述べている。

主観性の強い程度副詞(好、多、多么、何等、何其)と、主として書き言葉に使われる程度副詞(愈、甚、颇、颇为、甚为、至为)と、使用頻度が低くめったに使用されない程度副詞(殊、至、顶、顶顶、绝顶)は状態形容詞を修飾できなかったり、あるいはそれらを修飾することが少なかったりする。しかし、典型的な程度副詞"很""最""太""更""极""比较""非常""稍微""有点"は状態形容詞を修飾することができるが、ただし、修飾の範囲はそれぞれ違っている。"很"の修飾範囲が最も広い。また"太"は主観性を強調するため、広い修飾範囲を持っている。"非常""比较"

はかなり修飾範囲が制限されている。最も制限されているのは"极"で、ＢＡ以外の重ね型は修飾できない。一方、"有点""有些"はどのタイプの重ね型も修飾することができる。ところが、"稍微""略微"はＢＡしか修飾できない。"最""更""比较"は各種の形容詞を修飾することができる。

また、程度副詞と状態形容詞との関係については次のように説明されている。

"冰冷"は"冰"＋"冷"からなっており、一次的修飾であるが、さらに「程度副詞＋冰冷」となると、二次的修飾の形になる。これは言語表現の需要を満たすためである。また、表現内容に対する主観的な量性付与のためでもある。状態形容詞が程度副詞によって修飾されるのは、状態形容詞の文法化の結果だと考えられる。

氏の説は斬新で大胆な発想であり、参考になるものである。ただ述べられている言語事実については、さらに時間をかけて考察する必要があると思われる。最近の言語の動向として次々と新しい言語表現が登場し、従来の文法的ルールに合致しない用法も生まれている。だから、規範的な用法で測りえない表現の様態はどうなっているのか、というような疑問も出てくる。ただし、最近は言語変動期にあることが事実であり、新しい言語表現への長期的観察も必要不可欠で、その変動ぶりを注意深く見守るべきである。その意味では、氏の論文は参考になり、評価していいと考えている。ただし、言語は常に変化し動いていくものだとする観点から、結論については慎重に下すべきであると考える。

1.2.2. 形容詞の重ね型についての分類

1、《现代汉语八百词》1984

 ①ＡＡ式： 红红的(赤々とした) 白白的(白い)

 ②ＡＢＢ式： 红通通的(真っ赤だ(な)) 白刷刷的(非常に白い)

 ③ＡＢＣ式： 酸不唧的(少し酸っぱい) 甜不叽的(少し甘い)

④ＡＸＹＺ式：白不毗咧的(白っぽい) 黒不溜秋的(黒ずんでいる)
⑤ＡＢＡＢ式：干干净净的(非常に綺麗だ) 壮壮实实的(がっしりしている)
⑥Ａ里ＡＢ式：糊里糊涂的(愚かだ) 马里马虎的(そそっかしい)
⑦ＢＡＢＡ式：笔直笔直的(真っ直ぐだ) 冰凉冰凉的(氷のように冷たい)

2、石毓智 1992
　一：ＡＡ　　　暗暗(暗い) 白白(白い)
　二：ＡＡ的　　甜甜的(甘い) 酸酸的(酸っぱい)
　三：ＡＡＢＢ　诚诚恳恳(真心がこもっている) 大大方方(おおようだ)
　四：Ａ里ＡＢ　流里流气的(軽薄で不良じみている) 罗里罗嗦(くどい)
　五：ＢＡＢＡ　贼亮贼亮(ばかに明るい) 湛蓝湛蓝(コバルト色)
　六：Ａ＋ＢＢ　甜蜜蜜(甘ったるい) 稳当当(座りがいい)
　七：Ａ＋其它　白不毗咧(白っぽい) 黒不溜秋(黒ずんでいる) 黒咕隆咚(真っ暗だ) 花里胡哨(色とりどりだ)

3、张谊生 2007
　1. ＢＡ式：笔直(真っ直ぐだ) 雪白(真っ白だ) 冰冷(氷のように冷たい)
　2. ＡＢＢ式：沉甸甸(ずっしりと重い) 冷冰冰(冷ややかだ)
　3. ＢＢＡ式：冰冰凉(非常に冷たい) 冰冰冷(氷のように冷たい)
　4. ＡＡＢＢ式：空空荡荡(がらんとしている) 兢兢业业(こつこつと)
　5. Ａ里ＡＢ式：古里古怪(変てこだ) 慌里慌张(慌しい)
　6. ＡＸＹＺ式：灰不溜秋(薄い灰色) 酸不溜丢(やや酸っぱい)
　7. ＢＡＢＡ式：冰冷冰冷(氷のように冷たい) 笔直笔直(真っ直ぐだ)

4、その他の研究
朱徳熙 1956、董树人 1982、卞觉非 1985、袁毓林 1993 等の諸氏にはい

ずれも形容詞の重ね型についての記述がある[29]。この中で袁氏は"冰涼(氷のように冷たい)""喷香(非常に芳しい)"のＢＡＢＡ式をＡＢＡＢ式と呼ぶのは混乱を招きやすいので、不適切だと思う[30]。筆者は"干浄(綺麗だ)""轻松(気楽だ)""暖和(暖かい)"などの二音節語こそＡＢＡＢ式であり、本当のＡＢＡＢ式は"干浄干浄(綺麗にする)""轻松轻松(気楽にする)""暖和暖和(暖かくする)"という構造だと考えている。

《现代汉语八百词》1984の形容詞の重ね型についての分類は最も妥当なものだと評価できるが、ただＡＢＡＢ式についての言及はない。また他の研究者もＡＢＡＢ式について触れているものがない。

1.3. 本章の課題

本章では《现代汉语八百词》1984の分類をもとに、以下の課題について考察することとする。

一、程度副詞は形容詞の八種類の重ね型(即ち、ＡＡ式、ＡＢＢ式、ＡＢＣ式、ＡＸＹＺ式、Ａ里ＡＢ式、ＡＢＡＢ式、ＡＡＢＢ式、ＢＡＢＡ式という形容詞の重ね型)とどのような関係にあるのか。程度副詞は修飾語としてどのような機能が付与されているのか。形容詞の重ね型は被修飾語としてどのような働きを持っているのか。どのようにして修飾されるのか。これらの問題点について検討する。

二、程度副詞は語により形容詞の重ね型と共起できるものと共起できないものがあるが、どの種類の程度副詞が形容詞の重ね型を修飾し、どの種類の程度副詞は形容詞の重ね型を修飾できないのか。その実態を把握し、それぞれの用法を明らかにする。

三、形容詞の重ね型は被修飾語としてどのような程度修飾を受け入れるのか。文法的にはどのような制限を受けているのか。そしてどのような性格と傾向があるのか。八種類の重ね型について深く追究する。

四、程度副詞は程度表現システムの中で、それぞれどのような役割を果たしているのか、またどのように位置付けるべきなのか。形容詞の重ね型を修飾する程度副詞の修飾機能の付与はどのような意義があるのであろうか。それらについて体系的に検証する。

2. 分析

　程度副詞は形容詞の重ね型の修飾について考察すると、形容詞の重ね型を修飾できるものと修飾できないものに大別することができる。形容詞の重ね型を修飾できる程度副詞は、"有点""有些""最""更""太""稍微""略微""多少"などがある。それに対し、形容詞の重ね型を修飾できない程度副詞は"极""很""非常""十分""相当""特別""格外""比較""颇""甚"などがある。
　一方、形容詞の重ね型を修飾できる程度副詞は、どの種類の重ね型を修飾するのかという点について考察すると、次の①②③の三種類に分類することができる。
　①はＡＡ式、ＡＢＢ式、ＡＡＢＢ式、ＡＢＣ式、ＡＸＹＺ式、Ａ里ＡＢ式を修飾するものの、ＡＢＡＢ式とＢＡＢＡ式については修飾できない程度副詞である。このグループに属する程度副詞は"有点""有些"がある。
　②はＢＡＢＡ式だけを修飾し、その他の重ね型は修飾できない程度副詞である。このグループに属する程度副詞は"稍微""略微""多少"などがある。
　③はＡＢＢ式とＡＡＢＢ式を修飾し、それ以外の重ね型を修飾できない程度副詞である。このグループに属する程度副詞は"最""更""太"などがある。

2.1. ＡＡ式

単音節の形容詞は重ね型を取る時には、ＡＡ式となる。たとえば、"虚(虚しい)""红(赤い)""白(白い)""黑(黒い)""黄(黄色い)""长(長い)""怪(おかしい)""酸(酸っぱい)""小(小さい)"などの重ね型は、それぞれ次の通りになる。

Ａ＋Ａ＋的　→	ＡＡ式	
虚＋虚＋的　→	虚虚的	（虚しい）
红＋红＋的　→	红红的	（赤い）
白＋白＋的　→	白白的	（白い）
黑＋黑＋的　→	黑黑的	（黒い）
黄＋黄＋的　→	黄黄的	（黄色い）
长＋长＋的　→	长长的	（長い）
怪＋怪＋的　→	怪怪的	（おかしい）
酸＋酸＋的　→	酸酸的	（酸っぱい）
小＋小＋的　→	小小的	（小さい）
木＋木＋的　→	木木的	（しびれる）
凶＋凶＋的　→	凶凶的	（ひどく悪い）
悻＋悻＋的　→	悻悻的	（ぷんぷんしている）

この種類の重ね型は中性的意味を持つ語か、あるいはマイナス的意味を持つ語が多い。"有点""有些"はいずれもその重ね型を修飾することができる。たとえば、

(2-12)　走到矿上大门口，见大门口路边坐着好多人，他心里<u>有点虚虚的</u>。（鉱山の入口まで歩いてみると、道端に大勢の人が座っていた。彼は少し虚しい気持ちでいた）（刘庆邦〈水房〉《作家》1993年第2期）

(2-13) 薄师傅便去田里拔小青菜。见她<u>有点</u>悻悻的，我明白我说了她不爱听的话了。(薄師匠は畑へ小さい青菜を抜きに行った。彼女の少し腹を立てている様子を見て、私は彼女が聞きたくないことを言ってしまったと分かった)(叶弥〈明月寺〉《2003 中国中国年度最佳短篇小说》p. 187 漓江出版社 2004)

(2-14) 堂屋里的光线<u>有点</u>暗沉沉，太阳在窗台上画圈圈，就是进不来。(母屋の中は少し暗かった。日差しは窓際に差し込んでいたが、中には入ってなかった)(王安忆《长恨歌》p. 53 作家出版社 1995)

(2-15) 其他的座位都空着，连刚才那个三口之家也走了，只剩下两个大男人神情呆板地坐在这里小口小口地喝着可乐，总让人觉得<u>有些</u>怪怪的。(他の席は空いていたし、先程いた三人家族の人たちも行ってしまって、二人の男だけが厳しい表情でそこに座って、コーラを少しずつ飲んでいた。その様子は何か変だなと思った)(戴来〈一、二、一〉《人民文学》1999 年第 5 期 p. 45)

(2-16) 现在石头又为了他们的婚事出去打工，天奇这样一想，鼻子<u>有些</u>酸酸的。(今、石頭[31)]が結婚のためアルバイトをしに出掛けていることを思うと、天奇は少し悲しくなった)(郝伟〈相片〉《人民文学》1999 年第 4 期 p. 63)

(2-17) 这样把目光拉远了看，她<u>有些</u>小小的，相比之下，蹲着的黑叔似乎比娘还高些。(このように遠く離れて見ると、お母さんは少し小さく見えていた。比べてみて、蹲っていた日焼けした叔父のほうがお母さんよりも背が高いようだった)(刘庆邦〈谁家的小姑娘〉《人民文学》1999 年第 4 期 p. 63)

"有点""有些"は形容詞の原形を修飾する時には、表現として簡潔明快ではあるが、語気が軽く、描写性も弱い。たとえば、"他心里有点虚(彼は少し虚しい気がしている)"の場合は、少し虚しい感じがしている彼の心理的状態を抽象的に捉えているだけであり、その心理的状態への描写は深いとは言えない。一方、その重ね型を修飾する時には強い描写性を持っているので、その心理的状態を誇張し、生き生きした表現としてその程度性と語勢を強めることができると考えられる。(2-12)の場合は、その空虚な気持ちを生き生きと描くことによって、びくびくしていた彼の姿を浮かび上がらせている。

　ところが、"好(良い)""棒(優れている)""美(美しい)""新(新しい)"などの単音節語は、その原形もその重ね型もプラス的意味を持つ語として、積極的な意味と好ましい事象を表わすのに用いられる。それ自体の意味にはすでに非常に高い程度性が含まれており、その程度性は"有点""有些"の表わす小さな程度性とは調和できないのである。また"有点""有些"はマイナス的色彩を帯びているため、プラス的意味を持つ語が表わす程度性とは矛盾しており、共起しないのである。これらのプラス的意味を持つ形容詞は"极好(極めて良い)""很棒(とても良い)""非常美(非常に美しい)""挺新(すごく新しい)"などが可能であることから、"极""很""非常""挺"などのような高い程度性を表わす程度副詞には修飾されるけれども、ただ"有点""有些"には修飾されることができない。

　"有点"は変化を表わす"了"と共起した時にはじめて"好(良い)"を修飾できるようになる。"了"はこれまでにない変化を表わすが、"有点"はその変化の程度が低いことを表わす。しかし、"有点"は"棒(優れている)""美(美しい)""新(新しい)"の原形を修飾することはできない。これらの形容詞は不変の性質を表わす語なので、それ自体の意味は"有点"と"了"によって修飾されえないからである。一方、"有些"は"好(良い)""棒(優れている)""美(美しい)""新(新しい)"のいずれも修飾できない。僅少な程度性を示せないという点では"有点"と異なり、その

程度性は被修飾語に認められないものと考えられる。

(2-18) *这个人{有点/有些}好。

(2-19) 前段时间身体一直不好，现在有点(??有些)好了。(最近は体の調子がずっと悪かったが、今は少し良くなった)

(2-20) *前段时间身体一直不好，现在有点好好的了。

(2-21) *{有点/有些}棒/美/新了。

(2-22) *{有点/有些}棒棒的/美美的/新新的了。

このように、"有点""有些"は主としてマイナス的意味を表わす形容詞と中性的意味を表わす形容詞を修飾の対象とし、その原形や重ね型を修飾することができるのだが、プラス的意味を表わす形容詞についてはその原形や重ね型のいずれも修飾することができない。

2.2. ＡＢＢ式

　ＡＢＢ式の重ね型はＢＢ式の接尾語を受けて構成されたものである。たとえば、"怯(気が弱い)"の場合は"生生(動きや様子が生々しいさま)"が後に付くと、"怯生生(恥ずかしがるさま)"のようにＡＢＢ式ができる。"潮(湿る)""晕(ぼうっとなる)""黏(ねばねばしている)""冷(寒い)""乱(乱れる)""酸(酸っぱい)""阴(暗い)""气(怒る)""空(空っぽだ)""脏(汚れる)""慢(遅い)""紧(きつい)""懒(だるい)""红(赤い)""黑(黒い)"などは、その重ね型の接尾語を受けると、それぞれ次のようになる。

　　　Ａ＋ＢＢ　→　ＡＢＢ式

潮＋乎乎	→	潮乎乎	（じめじめしている）
晕＋乎乎	→	晕乎乎	（ぼんやりとしている）
黏＋乎乎	→	黏乎乎	（粘っこい）
冷＋飕飕	→	冷飕飕	（(風が)冷え冷えとしている）
乱＋糟糟	→	乱糟糟	（混乱して秩序がない）
酸＋溜溜	→	酸溜溜	（妬みや悲しみがある）
阴＋森森	→	阴森森	（(場所)薄暗くて気味が悪い）
气＋哼哼	→	气哼哼	（ぷんぷん怒っている）
空＋落落	→	空落落	（がらんとして物寂しい）
脏＋兮兮	→	脏兮兮	（汚れている）
慢＋腾腾	→	慢腾腾	（動作がのろのろしている）
紧＋绷绷	→	紧绷绷	（表情がこわばっている）
懒＋洋洋	→	懒洋洋	（気だるい）
红＋扑扑	→	红扑扑	（赤みを帯びている）
黑＋黝黝	→	黑黝黝	（暗くてよく見えない）

これらの形容詞とその重ね型は、いずれも"有点""有些"によって修飾される。ＡＢＢ式における"的"は(2-28)のように省略することもできる。

(2-23) 他像是要找人的样子，<u>有点怯生生的</u>，先是站在我家院门外略张了张，待进不进的。（彼は誰かを探しているらしく、少し決まり悪そうにしていた。まず自分の家の門の外側に立ち、少し中を覗いてみて、入るか入らないかで迷っていた）(魏微〈大老郑的女人〉《2003年中国短篇小说精选》p.414 长江文艺出版社 2003)

(2-24) 我赶紧低下头去看报纸，反正为了这张报纸我已经费了不少劲，报纸已经被我的手攥得<u>有点潮乎乎的了</u>。（私はすぐ頭を

下げ、新聞を見た。兎に角この新聞のために私はもう随分苦労してきた。新聞はすでに私の手に湿っぽく握られていた）(金甌〈鶏蛋的眼泪〉《人民文学》2000年第4期 p.62)

(2-25) 一个瘦高、长相<u>有点</u>懒洋洋的男青年提着捆电线从她身边走过，接好电源之后又忙着布线，几股电线乱糟糟地缠在一起，他甩了几次都没甩开，只好又跑过去动手解。（痩せて背の高い、少しだるそうな顔をした青年は、電線を持ったまま彼女のそばを通り過ぎた。そして、コードを電源に繋いだ後、忙しく電線を広げたが、数本もの電線がぐにゃぐにゃに絡んでいた。彼は何回か投げたが投げ切れず、仕方なく駆け寄って手で解いてしまった）(张欣《岁月无敌》p.11 长江文艺出版社 1997)

(2-26) 儿子抬头看他，果然<u>有些</u>气哼哼的，脸通红，脊背也晒脱皮了，两条胳膊被麦芒扫得像烤糊的红薯。（息子は顔を上げて彼を見、やはりぷんぷんしていた。顔を高潮させ、背中も日に焼けて皮が剥けており、腕も麦の穂先に刺されて焼け焦げたサツマイモのように見えた）(徐庄〈快活的农民郑福〉《人民文学》2000年第9期 p.60)

(2-27) 三间趴拉房堆在阔大的长条形院里，<u>有些</u>空落落的。多亏这株枣树填补了好大一片空白。（細長い形をした庭に三間のぼろ家が建っている。がらんとして寂しい雰囲気だ。幸いこの棗の木が相当大きな空間を占めていた）(陈玉彬〈木枣〉《人民文学》1992年第2期 p.68)

(2-28) 这里是<u>有些</u>脏兮兮，不整洁的，最深最深的那种隐私也裸露出来的，有点不那么规矩的。（ここは少し汚れていて不潔だっ

た。隠されていた最も深いその秘密の部分もむき出しにされており、そんなにきちんとしたものではなかった）(王安忆《长恨歌》p.6 作家出版社 1995)

　　"潮""冷""乱""酸""阴""晕""气""空""脏""慢""紧""懒""红""黑"などの語も、それぞれ"乎乎""飕飕""糟糟""溜溜""森森""哼哼""落落""兮兮""腾腾""绷绷""洋洋""扑扑""黝黝"などと共起することによって、それぞれの程度性と状態が強められ、強い描写性も付与されている。もちろん、ＡＡ式を構成した場合、その意味は更に相対的に強化されるが、使用範囲はそれなりに制限されることになる。

　　たとえば、"红(赤い)"は色彩を表わす他、また"这个人很红(この人はとても人気がある)"のように表現されることもあるが、この場合は、この人は受けがいいということを表わして、少しマイナス的な色彩も帯びている。"*这个人红扑扑的"とは言えず、"这个人脸色红扑扑的(この人は顔色が赤みを帯びている)"と言わなければならない。"红扑扑(赤みを帯びている)"は顔色が赤くて艶々していることを表わせるだけであり、この場合はこの人は受けがいいという意味は表わせない。そこから、この種の形容詞の原形とその重ね型は意味と使用範囲を異にしているということが分かる。これらの重ね型はいずれも好ましくない状態を表わすことに特色がある。

　　とはいえ、"有点""有些"は"眼巴巴(みすみす)""笑哈哈(声を出して笑うさま)""雄赳赳(雄雄しくて勇ましい)""眼睁睁(どうもしない)""稳当当(穏健だ)""金灿灿(金色に輝く)""明光光(艶やかだ)"などは修飾しにくい。これらの形容詞のＡＡ式は状態性と描写性を有してはいるものの、この種類の重ね型は好ましくない状態を表わす語が多く、その程度性も強いため、低い程度性とはアンバランスである。たとえば、"雄赳赳(雄雄しくて勇ましい)"は非常に勇ましい様子を表わし、"金灿灿(金

色に輝く)"は金色の光がきらびやかに輝き、まぶしい様子を表わす。その意味に含まれた程度性は他の大きな程度性とも小さな程度性とも調和できないので、"有点""有些"とは共起しないのである。通常、

(2-29) ??他{有点/有些}雄赳赳的。

(2-30) ??{有点/有些}金灿灿的阳光洒满大地。

におけるような言い方は表現としては成立しない。これは修飾語としての程度副詞と被修飾語としてのＡＢＢ式の重ね型の程度性の不一致によるものと考えられる。また、同じＡＢＢ式の重ね型の意味の違いによるものとも考えられる。

2.3. ＡＢＣ式

　この種類の形容詞はＡ＋ＢＣからなっている。Ａとして用いられるものとして"甜(甘い)""酸(酸っぱい)""冷(寒い)""圆(丸い)""美(美しい)"などがあるが、ＢＣとして用いられるものは"不叽(味覚・臭覚が広がった状態を表わす)"[32]"得乎(ある形を表わす)""不滋(うきうきしたさま)"などがある。それぞれ、

Ａ＋ＢＣ＋的	→	ＡＢＣ式	
甜＋不叽＋的	→	甜不叽的	(少し甘味がある)
酸＋不叽＋的	→	酸不叽的	(少し酸っぱい)
圆＋得乎＋的	→	圆得乎的	(丸っこい)
美＋不滋＋的	→	美不滋的	(気分がよい)

のように構成される。これらは味覚・臭覚・形状・気分などを表わすのに用いられ、その意味には小さな程度性が含まれているので、"有点""有

些"によって修飾される。

(2-31) 这个馒头{有点/有些}酸不唧的。(この饅頭は少し酸っぱい)

　この種類の重ね型は非常に限られ、北京の話し言葉にはよく登場するものの、典型的な書き言葉の中にはあまり現れない[33]。その構造は後述するＡＸＹＺ式に近似しているが、ただその接尾語の部分はＡＸＹＺ式より少ないため、後者ほど語気も強くない。この種類の重ね型は好ましくない状態を表わすという点ではＡＢ式とＡＢＢ式と共通している。

2.4. ＡＸＹＺ式[34]

　この種類の形容詞の重ね型は即ち"形容詞（Ａ）＋附属成分（ＸＹＺ）"からなっている。主として以下のようなものがある。

```
Ａ＋ＸＹＺ    →   ＡＸＹＺ式
黑＋不溜秋    →   黑不溜秋   （黒ずんでいる）
圆＋咕隆冬    →   圆咕隆冬   （丸々とした）
傻＋不愣登    →   傻不愣登   （愚直だ）
白＋不呲咧    →   白不呲咧   （白っぽい）
疯＋了呱叽    →   疯了呱叽   （気がおかしくなる）
灰＋了呱叽    →   灰了呱叽   （薄暗い）
滑＋不唧溜    →   滑不唧溜   （つるつるして滑りやすい）
酸＋不溜丢    →   酸不溜丢   （やや酸っぱい）
```

"黑（黒い）""圆（丸い）""傻（馬鹿だ）""白（白い）""疯（気がおかしい）""灰（灰色）""滑（つるつるしている）""酸（酸っぱい）"などの形容詞は、状態を表わす"不溜秋""咕隆冬""不愣登""不呲咧""了呱叽""不唧溜""不溜丢"を添加することによって、その状態性と程度性を強化し、鮮

明な描写性を持つことになる。そして"有点""有些"はそれらを修飾することができる。この種類の重ね型は広く話し言葉に使われる他、書き言葉や文学作品などにも用いられ、使用範囲が広い。

(2-32) 苏苏咕的一笑，差点把嘴里的咖啡喷溅出来。対羊羊说："这是我的外甥。<u>有点</u>(有些)傻不愣怔的。"（蘇蘇がにやっと笑うと、口に含んだコーヒーを吐き出しそうになった。彼女は「これが私の甥だ。愚鈍な人だ」と羊羊に言った）(肖元生〈去了一层皮〉《人民文学》2000 年第 12 期 p.50)

(2-33) 房間里{有点/有些}黑咕隆咚的。(部屋の中は少し薄暗い)

この種類の重ね型は好ましくない状態や感覚を表わす語が多く、それぞれマイナス的評価に用いられる。"有点""有些"はその重ね型を修飾し、マイナス的評価を受ける事象や状態を描写することができる。

2.5. Ａ里ＡＢ式

この種類の重ね型は"Ａ＋里＋ＡＢ"からなっている。

Ａ＋里＋ＡＢ	→	Ａ里ＡＢ式
糊＋里＋糊涂	→	糊里糊涂 （めちゃくちゃだ）
马＋里＋马虎	→	马里马虎 （いい加減だ）
慌＋里＋慌张	→	慌里慌张 （そわそわする）
俗＋里＋俗气	→	俗里俗气 （俗っぽい）
古＋里＋古怪	→	古里古怪 （変てこだ）
毛＋里＋毛糙	→	毛里毛糙 （大ざっぱだ）
流＋里＋流气	→	流里流气 （軽薄で不良じみている）
啰＋里＋啰嗦	→	啰里啰嗦 （面倒くさい）

模＋里＋模糊　→　模里模糊　（ぼんやりしている）
老＋里＋老气　→　老里老气　（年寄りじみる）

その原形である"糊涂(愚かだ)""马虎(そそっかしい)""慌张(そわそわする)""俗气(俗っぽい)""古怪(変てこ)""毛糙(粗い)""流气(不まじめだ)""啰嗦(面倒くさい)""模糊(ぼんやりしている)""老气(年寄りくさい)"は、いずれもマイナス的意味を有する語であり、消極的な内容や好ましくない事象を表わす。そして重ね型を取ると、その状態性と描写性はより一層強められ、その程度性とマイナス的な色彩も著しいものの、それに含まれた程度性はそれほど高くないものと思われる。それで、"有点""有些"とは共起しやすいのである。

(2-34)　"这是谁？"我说。我看那小子<u>有点</u>(有些)怪里怪气，他倒是没有胡子，不过说不准就藏在什么地方，吆喝一声就长出来了，不过这小子要是能长出一脸胡子倒是蛮俊气的。(「この人は誰？」と私は聞いた。私が見たところ、そいつはちょっとおかしかった。彼には鬚がなかった。でもどこかに隠されていて、声をかけたら生えてくるのかもしれない。でも、こいつが顔中にいっぱい鬚を生やしているとしたら、格好はいいかもしれん) (金瓯〈鸡蛋的眼泪〉《人民文学》2000年第4期 p.61)

(2-35)　陈志强的信写得<u>有点</u>(有些)糊里糊涂，但陈书记还是看出一点眉目，心里提到地区的三个人的名字：华章、项图和吴道水，前两个都是他不喜欢的。(陳志強の手紙は何を書いているのかよく分からなかった。しかし、陳書記はやはり推察して、華章、項図と呉道水というこの地区の三人の名前を心の中に浮かべていた。そして初めの二人については彼は好ましくは思ってなかった) (王蒙《坚硬的稀粥》p.25 长江文艺出版社 1992)

(2-36) 在人们的眼里，这个高大的男人有点啰里啰唆，觉得他烦，就绕开他走过去，也有人故意避得远远的。（人々の目に映っていたこの背の高い男は少し話がくどい人だった。うるさい存在だったので、人々はわざと彼を避けて通っていた）（冯晓颖〈扁少女〉《人民文学》2000 年第 3 期 p. 62）

　Ａ里ＡＢ式の取れる形容詞はマイナス的意味を持つ語に限られ、プラス的意味を持つ形容詞は、この種類の重ね型を取ることはない。なぜなら、プラス的意味を持つ形容詞はそれ自体の程度性だけでも、この種類の重ね型が表わせる小さな程度性を上回っているので、この種類の重ね型を取ることの意義がないと思われるからである。たとえば、"干净（清潔だ）""漂亮（綺麗だ）""大方（気前がいい）"などはそれ自体の意味に、大きな程度性を表わす副詞によって修飾されるだけの高い程度性を含むと思われ、Ａ里ＡＢ式をとることの意義が認められない。したがって、"*干里干净""*漂里漂亮""*大里大方"などのような言い方は成立しないのである。

2.6. ＡＢＡＢ式

　二音節語である"轻松（気楽だ）""清静（静かだ）""干净（清潔だ）""舒服（気持ちが良い）""高兴（嬉しい）""老实（おとなしい）""安静（静かだ）""热闹（賑やかだ）""暖和（暖かい）"のＡＢＡＢ式は、それぞれ次のように構成されている。

　　ＡＢ＋ＡＢ　→　ＡＢＡＢ式
　　轻松＋轻松　→　轻松轻松　（気楽にする）
　　清静＋清静　→　清静清静　（静かにする）
　　干净＋干净　→　干净干净　（清潔にする）
　　舒服＋舒服　→　舒服舒服　（気持ちよくする）

高兴＋高兴　→　高兴高兴　（嬉しくなる）
老实＋老实　→　老实老实　（おとなしくする）
安静＋安静　→　安静安静　（静かにする）
热闹＋热闹　→　热闹热闹　（賑やかにする）
暖和＋暖和　→　暖和暖和　（暖かくする）

　この種類の重ね型は二音節語でなければ成立せず、語全体が重ねられるのが特徴である。その意味と程度性は重ねられることにより強められ、試行の意味も生み出してくる上に、制御性も付与されている。この用法は動詞[35)]に接近し、動的描写に多用され、主として発話者自身の意志や願望を表わしたり、相手に積極的な行動を取るように勧めたりするのに用いられる。この種類の重ね型は積極的な意味を含んでおり、好ましい事象を表わすので、小さな程度性を表わす"有点""有些"には修飾されないが、同様の小さな程度性を表わす"稍微""略微""多少"によっては修飾される。
　たとえば、"轻松(気楽だ)"[36)]は感覚を表わすプラス的意味を持つ形容詞であり、気楽だという意味を表わす。この感覚を表わしたりあるいは他人に同じ感覚を持たせたりする時、"轻松轻松(気楽にする)"のように、同形の形容詞を重ねることができる。この種類の重ね型は同形語を重ねるので、本来の意味を強化することによって、強い意志性が与えられることになる。と同時に、本来の状態性と描写性は弱められ、形容詞としての基本的な特色を失ってしまい、動詞に近い性格を見せてくるようになる。ＡＢＡＢ式を取る場合は試行の意味を表わし、ある状態が話者の意志の最低の基準に達していることを示唆する。

(2-37)　谁这么讨厌？一大早就来电话，放假都不让人轻松轻松！（誰、こんなにうるさくするのは？朝早くから電話してくるなんて、せっかくの休みなのにのんびりさせてくれないの）（郭洪波〈最后的

午餐）《人民文学》1993 年第 12 期）

(2-38) ｛稍微/略微/多少｝<u>轻松轻松</u>！（少し気持ちを楽にしよう）

(2-39) "哦---"蛤娃分不清这时自己的心情是更加沉重，还是反而<u>有点轻松</u>？（「え---」蛤娃はこの時自分の気分が更に重くなったのか、それとも逆に楽になったのか分からなかった）（林哲〈梦里梦外〉《十月》1993 年第 1 期）

　"有点"は、ＡＢＡＢ式を修飾することができない。"有点"は静的描写にしか用いられず、用法が動詞に接近しているＡＢＡＢ式を修飾の対象とすることができないからである。ＡＢＡＢ式を構成する形容詞は、積極的な意味やプラス的意味を持つ語が多い。消極的な意味やマイナス的意味を持つ形容詞は、この重ね型を取りにくい。たとえば、"＊啰嗦啰嗦""＊模糊模糊""＊糊涂糊涂""＊恍惚恍惚""＊结巴结巴"などの言い方は成立しない。というのは、"啰嗦（煩わしい）""模糊（はっきりしない）""恍惚（ぼうっとする）""结巴（ものをなめらかに言えない）"などは、好ましくないことを表わし、好ましい事象については強調できないからである。

2.7.　ＡＡＢＢ式

　ＡＡＢＢ式を構成する形容詞は、プラス的意味を持つ語もあれば、マイナス的意味を持つ語もある。
　プラス的意味を持つ形容詞は"干净（清潔だ）""安全（安全だ）""高兴（嬉しい）""舒服（気持ちが良い）""清静（閑静だ）""清闲（のんびりしている）""轻松（気楽だ）"などがあるのに対し、マイナス的意味を持つ形容詞は"模糊（ぼんやりしている）""别扭（ひねくれている）""糊涂（愚かだ）""冷清（ひっそりしている）""啰嗦（くだくだしい）""恍惚（ぼんやりする）""结巴（も

のをなめらかに言えない)""嗫嚅(口ごもる)""飘乎(軽やかに流れる)""懵懂(ぼんやりする)""神叨(言動が変わっている)""吞吐(言葉を濁すさま)""迷糊(ぼんやりする)""隐约(かすかだ)""粘糊(ねちねちする)""断续(断続的だ)""鬼祟(こそこそする)""疯癫(気がおかしい)""空荡(がらんとしている)"などがある。これらのＡＡＢＢ式は、それぞれ以下のように構成されている。

```
ＡＡ＋ＢＢ    →    ＡＡＢＢ式
干干＋净净    →    干干净净（清潔だ）
安安＋全全    →    安安全全（安全だ）
高高＋兴兴    →    高高兴兴（喜ぶ）
舒舒＋服服    →    舒舒服服（気持ちがよい）
清清＋静静    →    清清静静（閑静だ）
轻轻＋闲闲    →    轻轻闲闲（のんびりしている）
轻轻＋松松    →    轻轻松松（気楽になる）
老老＋实实    →    老老实实（おとなしい）
模模＋糊糊    →    模模糊糊（はっきりしない）
别别＋扭扭    →    别别扭扭（ひねくれている）
糊糊＋涂涂    →    糊糊涂涂（愚かだ）
冷冷＋清清    →    冷冷清清（ひっそりしている）
啰啰＋嗦嗦    →    啰啰嗦嗦（煩わしい）
恍恍＋惚惚    →    恍恍惚惚（ぼんやりする）
结结＋巴巴    →    结结巴巴（どもるさま）
嗫嗫＋嚅嚅    →    嗫嗫嚅嚅（口ごもるさま）
飘飘＋乎乎    →    飘飘乎乎（軽やかに流れる）
懵懵＋懂懂    →    懵懵懂懂（無知だ）
神神＋叨叨    →    神神叨叨（言動が変わっている）
嘻嘻＋哈哈    →    嘻嘻哈哈（不真面目なさま）
```

吞吞＋吐吐	→	吞吞吐吐	（言葉を濁すさま）
迷迷＋糊糊	→	迷迷糊糊	（ぼんやりしている）
隐隐＋约约	→	隐隐约约	（かすかだ）
粘粘＋糊糊	→	粘粘糊糊	（ねちねちしている）
战战＋兢兢	→	战战兢兢	（戦々きょうきょうとしている）
断断＋续续	→	断断续续	（途切れ途切れになっている）
鬼鬼＋祟祟	→	鬼鬼祟祟	（陰でこそこそする）
疯疯＋癫癫	→	疯疯癫癫	（気がおかしくなる）
唯唯＋诺诺	→	唯唯诺诺	（唯々諾々とする）
磕磕＋绊绊	→	磕磕绊绊	（順調ではない）
空空＋荡荡	→	空空荡荡	（がらんとしている）
疙疙＋瘩瘩	→	疙疙瘩瘩	（デコボコしている）

"有点""有些"はそれ自体に含まれる程度性が低いため、消極的評価に多用され、マイナス的意味を持つＡＢＡＢ式しか修飾できない。プラス的意味を持つＡＢＡＢ式は、それ自体に高い程度性を含むため、"有点""有些"によって修飾される対象とはならない。

(2-40) 我听了这话<u>有点</u>迷迷糊糊的，但是很快有件别的事转移了我的思路，我也就没再琢磨琢磨这里面的文章。（私はこの話を聞き、少しぼんやりとしていた。しかし、すぐに別なことで考え方の方向が変わってしまって、私はもうこの中に隠れた意味があることを考えないことにした）（徐小斌〈吉尔的微笑〉《人民文学》1995 年第 9 期 p.62）

(2-41) 我们一家人都在那儿，虽然<u>有点</u>隐隐约约，但我记得很清楚，都在那儿。（私達一家がみんなそこにいたことは何となくぼんやりと覚えていた。しかし、私だけはそこに住んでいることをはっ

きり憶えていた)(熊正良〈追上来啦〉《人民文学》2000 年第 11 期 p.25-26)

(2-42) 虽是很随意地走，但每次上街都要去服装城的，服装城才是最主要的目的地。进了服装城以后，人还是<u>有些</u>恍恍惚惚的，心中总不在自己身上，想定也定不下来。(気ままに歩くんだけど、外出の時にはいつもファッションの町へ行ってしまう。ファッションの町こそ最も大切な目的地だ。ファッションの町に入ってしまうと、うっとりとなってしまう。心の中は自分が自分でないみたいで、考えをまとめようと思ってもできなかった)(柳萱〈阁楼〉《2003 中国年度最佳中篇小说(下)》p.71 漓江出版社 2004)

(2-43) 在此之前早就有人告诉他,天泰村那个王天奇因为弟弟死了，变得<u>有些</u>疯疯癫癫的，整天在他的照相馆门前转悠呢，让他防备着点。(以前ある人から彼に、天泰村の王天奇という人が弟が死んでしまったので、言動が少しおかしくなり、毎日彼は自分の写真館の前をうろうろしているから、気を付けたほうがいいと知らせがあった)(郝伟〈相片〉《人民文学》1999 年第 4 期 p.66)

(2-44) *今天{有点/有些}舒舒服服。

(2-45) *他{有点/有些}高高兴兴。

二音節でマイナス的意味を持つ語の原形およびそのＡＡＢＢ式はいずれも状態性と描写性を持っており、程度性や語気が他の重ね型と異なる他、両者の表わす意味範疇は基本的には共通しているので、"有点""有些"によって修飾されることになる。たとえば、"{有点/有些}迷糊(少しぼんやりしている)""{有点/有些}迷迷糊糊(少しぼんやりしている)"では、

両者はいずれもぼんやりしているさまを表わしているが、前者の描写は大まかであるのに対し、後者の描写は丁寧な感じを与える。ＡＡＢＢ式の役割はその状態性と描写性を際立たせ、鮮明なイメージと生き生きとした感じを与えることにある。

2.8. ＢＡＢＡ式

ＢＡＢＡ式を構成するものは主として"笔直(真っ直ぐだ)""冰涼(氷のように冷たい)""漆黑(真っ黒だ)""雪白(真っ白だ)""焦黄(ねずみ色)""乌黑(真っ黒い)""血红(真紅だ)""通红(真っ赤だ)"などである[37]。その重ね型は以下のように構成される。

ＢＡ＋ＢＡ	→	ＢＡＢＡ式	
笔直＋笔直	→	笔直笔直	(真っ直ぐだ)
冰涼＋冰涼	→	冰涼冰涼	(氷のように冷たい)
漆黑＋漆黑	→	漆黑漆黑	(真っ黒だ)
雪白＋雪白	→	雪白雪白	(真っ白だ)
焦黄＋焦黄	→	焦黄焦黄	(ねずみ色だ)
乌黑＋乌黑	→	乌黑乌黑	(真っ黒い)
血红＋血红	→	血红血红	(真紅だ)
通红＋通红	→	通红通红	(真っ赤だ)

即ち、この種類の形容詞はＢＡＢＡ式しか構成できない。ＢＢＡＡ式の構成は成立しないのである。

"*笔笔直直""*漆漆黑黑""*雪雪白白""*焦焦黄黄""*乌乌黑黑""*血血红红""*通通红红"などの言い方は成立しない。

"有点""有些"はこのような絶対的な程度性を含む形容詞の原形およびそのＢＡＢＡ式をいずれも修飾することができない。

(2-46) *这条路有点笔直笔直。

(2-47) *这条路有点笔直。

(2-48) 这条路笔直。(この道は真っ直ぐだ)

(2-49) 这条路笔直笔直。(この道は真っ直ぐだ)

　この種類の形容詞はそれ自体にすでに高い程度性を含んでおり、他の修飾語の助けを借りずに極端な状態や程度などを表わすので、程度副詞による修飾を受け入れることができない。"有点""有些"だけでなく、その他の程度副詞もＢＡＢＡ式を修飾の対象とすることができない。"笔直""冰凉"を例にして説明すると、"直(真っ直ぐだ)"は形状を表わすものであるが、"凉(冷たい)"は感覚を表わすものであり、その程度性はそれぞれ"笔(真っ直ぐ伸びている)""冰(氷のように)"によって修飾される。"笔直"は真っ直ぐだという意味であり、一方、"冰凉"は非常に冷たいという意味である。それ自体にはすでに確定された程度性を含有しているので、他の程度修飾を容認しないのである。そのため、ＢＡＢＡ式は程度副詞と共起できない。この種の形容詞はＢＡＢＡ式をとった場合、それ自体の意味は強調されているものの、それによって新しい積極的な意味を生み出しているわけではない。この点ではＡＢＡＢ式と異なっている[38]。

2.9. 他の程度副詞との関係
　"极""很""非常""十分""相当""特別""比較""颇""甚"などの大きな程度性を表わす程度副詞は、絶対的な程度性を表わすので、どの種類の重ね型をも修飾することができない。それで、大きな程度性を表わす程度副詞は形容詞の重ね型とは共起できないという点において共通

点があり、それが文法的特徴の一つとなっている。つまり、大きな程度性を表わす程度副詞は、形容詞の原形だけを修飾の対象とし、その重ね型を修飾の対象にすることはできない。たとえば、

(2-50)　*他心里{极/很/非常/十分/相当}虚虚的。

(2-51)　*这个馒头{特别/格外/比较/颇/甚}酸不唧的。

ところが、"太""忒"については、ＡＡＢＢ式の重ね型を修飾することができる。

(2-52)　"装摸作样？对了，你说对了，为了工作，我常常得装摸作样，做生意可不能<u>太</u>(忒)老老实实！---"（「気取った態度をとってる？そうです、あなたが言う通りです。仕事のためには私はいつも気取った態度をとらないといけないと思いますよ。商売をするためには誠実そうにしているだけではだめなんですね」)（叶文玲《中国当代作家选集丛书・叶文玲》p.345 人民文学出版社 1997)

しかし、"太""忒"は限られた場合にしか重ね型を修飾できないので、多くの重ね型と共起する"有点""有些"とはまったく違っている。
一方、"最""顶""更""更加""格外"は特定的な程度修飾を担う程度副詞として特定的比較に用いられるので、形容詞の重ね型を修飾することができる。

(2-53)　后来,我慢慢悟出来了,<u>最</u>(顶)乱纷纷的地方,却最简单,最简单的,又最深刻。(後になって私はだんだんわかってきた。(それは)とても入り乱れてこんがらかっていることは、実はとて

も簡単なことだと言えるし、逆にとても簡単そうに見えることも実は深刻な問題であったりすることだった）(张莉莉〈游戏人生〉《中篇小说选刊》1992 年第 4 期 p.84)

(2-54) 此时的高勇，比本来的他，更加干巴巴的，有几分万念俱灰的颓废。(この時の高勇は彼本来の姿から比べると、まったく違っていて、失意のどん底に落ちた様子でしかも幾分か廃頽的でもあった）(池莉《水与火的缠绵》p.129 华艺出版社 2002)

(2-55) 穆小旦转诉的时候更加鬼鬼祟祟，仿佛扒房子的人就在外面，一声令下就会冲进来。(穆小旦が別な部署に訴えたとき、不動産の開発業者は以前よりもっとこそこそしていた。家を取り壊す人がもう外に来ていて、命令が下りればすぐ突入しようとしていたようだった）(柳营〈阁楼〉《2003 中国年度最佳中篇小说（下）》p.191 漓江出版社 2004)

(2-56) 不知道她在哪儿酣畅地舞蹈，但她一定很快乐。林云意识到自己在剥夺她的快乐，心里格外沉甸甸的。(彼女がどこで思う存分に踊っているのかははっきりしないが、彼女はきっと楽しんでいるに違いない。林雲は自分が彼女のこの楽しみを奪い取っていたことに気付いて、何とも言えない重い気分になっていた）(李肇正〈金链〉《人民文学》2006 年第 6 期 p.18)

"最""顶"が"乱纷纷的(入り乱れるさま)"を修飾できるのは、上述の特定的な文法的環境に依存していると思われる。この中で"最""顶"は連体修飾構造に助けを借りて、"乱纷纷的"を修飾し、それ全体でもって被修飾語の"地方"を修飾することになる。この文法的環境がなくなった場合、たとえば、"??这个地方最乱纷纷"のようになると、非常に不

自然な感じを受ける。普通"这个地方最乱（このことはもっとも入り乱れている）""这个地方乱纷纷（このことは入り乱れている）"のように表現される。"最""顶"はあくまで上述の特定的な文法的構造に依存し、限定的に使われるだけである。この点では多くの重ね型を修飾の対象とする"有点""有些"とは根本的に異なっている。

"稍微""略微""多少"の三語は"点""些""一点""一些"などの量的語句と共起して被修飾語を修飾することになり、"他心里稍微/略微/多少虚点（彼は少し虚しい気がしている）"のように、その原形を修飾することができるが、しかし、"*他心里稍微/略微/多少虚虚点（「彼は少し虚しい気がしている」の意）"のように、直接にはＡＡ式を修飾することはできない。ところが、"有点"と共起して用いられる場合は、この三語は(2-56)のようにＡＡ式を修飾できるようになる。このような場合、三語は"有点"の意味を強調するだけであり、重ね型には直接関わらない。

また、この三語は、"稍微/略微/多少＋有点/有些"の構造で多くの重ね型を修飾することができる。

(2-57)　他心里{稍微/略微/多少}{有点/有些}虚虚的。（彼は少し虚しい気がしている）

(2-58)　她的回答反而使我觉得{稍微/略微/多少}有点(有些)酸溜溜的。（彼女はむしろ妬んでそう返事したような気がした）

(2-59)　这个馒头{稍微/略微/多少}{有点/有些}酸不唧的。（この饅頭は少し酸っぱい）

(2-60)　房间里{稍微/略微/多少}{有点/有些}黑咕隆咚的。（部屋の中は少し薄暗い）

(2-61) 这个人{稍微/略微/多少}{有点/有些}糊里糊涂的。(この人は少し愚かだ)

(2-62) 那时我{稍微/略微/多少}{有点/有些}慌慌张张。(その時、私は少しそわそわしていた)

(2-63) ＊{稍微/略微/多少}有点轻松轻松！

　しかし、この修飾構造はＡＡ式・ＡＢＢ式・ＡＢＣ式・ＡＸＹＺ式・Ａ里ＡＢ式・ＡＡＢＢ式の重ね型については修飾することができるものの、ＡＢＡＢ式やＢＡＢＡ式については修飾の対象とすることができない。"稍微""略微""多少"は(2-63)のように、ＡＢＡＢ式を修飾できないのは、"有点"が使われているからである。"有点"と"稍微""略微""多少"はいずれも程度の低いことを表わすが、それらの使用範囲や修飾の対象が異なっているからである。この場合、この三語は"有点"を介して被修飾語に関わることになり、その修飾的機能はそれによって障害となっているとも見られる。
　そして、"稍微""略微""多少"はいずれもＢＡＢＡ式の原形と重ね型を修飾することができないという点では"有点"と共通している。

(2-64) ＊稍微/略微/多少笔直笔直。

　ＢＡＢＡ式の重ね型はそれ自体に絶対的な程度性を内包しているため、どの種類の程度副詞による修飾も受けられないからである。

3.　まとめ

　程度の大きいことを表わす程度副詞は一部の語を除いては、形容詞の

原形だけを修飾し、その重ね型を修飾できないのに対し、程度の小さいことを表わす程度副詞は、形容詞の原形もその重ね型も修飾することができる。

　"有点""有些"は多くの重ね型と共起し、"稍微""略微""多少"などに比べて、修飾範囲が広く、静的描写に用いられる傾向がある。ただ中性的意味を持つ語とマイナス的意味を持つ語の重ね型を修飾することが多く、プラス的意味を持つ語の重ね型に対しては修飾することができない。それに対し、"稍微""略微""多少"は直接的にはＡＢＡＢ式の重ね型しか修飾できず、動的描写に用いられる傾向が見られ、しかも共起語句との共起が求められる。"有点""有些"と共起した場合にはその他の重ね型とは共起できるものの、副次的な役割を果たしているだけである。

　形容詞の重ね型はＢＡＢＡ式を除き、いずれもそれなりの程度性を持っており、その程度性は"有点""有些"によって修飾される。重ね型の程度性を修飾できることは、他の程度副詞とは異なる"有点""有些"ならではの用法だと思われる。

程度副詞 \ 重ね型	AA式 怪怪的	ABB式 冷清清	ABC式 酸不唧	AXZY式 黑不溜秋	A里AB式 糊里糊涂	AABB式 轻松轻松	AABB式 轻轻松松	BABA式 雪白雪白
太	×	×	×	×	×	×	△	×
忒	×	×	×	×	×	×	△	×
过于	×	×	×	×	×	×	×	×
极	×	×	×	×	×	×	×	×
极其	×	×	×	×	×	×	×	×
极为	×	×	×	×	×	×	×	×
非常	×	×	×	×	×	×	×	×
异常	×	×	×	×	×	×	×	×
十分	×	×	×	×	×	×	×	×
万分	×	×	×	×	×	×	×	×
相当	×	×	×	×	×	×	×	×
特别	×	×	×	×	×	×	×	×
很	×	×	×	×	×	×	×	×
颇	×	×	×	×	×	×	×	×
甚	×	×	×	×	×	×	×	×
挺	×	×	×	×	×	×	×	×
蛮	×	×	×	×	×	×	×	×
怪	×	×	×	×	×	×	×	×
比较	×	×	×	×	×	×	×	×
较比	×	×	×	×	×	×	×	×

较	×	×	×	×	×	×	×	×
有点	○	○	○	○	○	×	△	×
有些	○	○	○	○	○	×	△	×
最	×	△	△	△	△	×	△	×
顶	×	△	△	△	△	×	△	×
更	×	△	△	△	△	×	△	×
更加	×	△	△	△	△	×	△	×
更其	×	×	×	×	×	×	×	×
更为	×	×	×	×	×	×	×	×
还	×	×	×	×	×	×	×	×
格外	×	△	△	△	△	×	△	×
尤其	×	×	×	×	×	×	×	×
尤	×	×	×	×	×	×	×	×
稍微	×	×	×	×	×	○	×	×
略微	×	×	×	×	×	○	×	×
多少	×	×	×	×	×	○	×	×
稍	×	×	×	×	×	○	×	×
稍稍	×	×	×	×	×	○	×	×
稍为	×	×	×	×	×	○	×	×
稍许	×	×	×	×	×	○	×	×
略	×	×	×	×	×	×	×	×
略略	×	×	×	×	×	×	×	×
微微	×	×	×	×	×	×	×	×
些微	×	×	×	×	×	×	×	×

第三章

被修飾語への量的修飾

1. 概観

1.1. はじめに

　現代中国語では多くの程度副詞は単独で被修飾語(形容詞あるいは動詞)の程度性を修飾する他、また、量的語句と共起して動作・行為や状態などに含まれている量性も修飾することができる。たとえば"太""很""更""再"などの程度副詞は、いずれも量的語句と共起して形容詞や動詞を修飾することができる。

（3-1）　也许这个决心下得<u>太</u>早了<u>一些</u>，时隔不久，石吉在骞山上就差一点儿卖了小命。(決意をしたのは早すぎたのかもしれない。それほど時間が経たないのに、石吉は骞山で危うく死ぬところだった)(王子硕〈死与活〉《人民文学》1993 年第 9 期 p.72)

（3-2）　杰克尔本来是个医学博士，<u>很</u>有<u>一番</u>学识和作为，可是心中总想放纵自己，胡闹一气。(ジャカルはもともと医学博士でとても学識と業績があったが、心の中ではいつも気ままで身勝手なことをやろうと考えていた)(李晶・李盈《沉雪》p.153 作家出版社 1998)

（3-3）　他本来就微微弯弓的腰，此时弧度<u>更</u>大了<u>些</u>，就像一个被放大

了的直立着的龙虾。(元々少し曲がっていた彼の腰はその曲がり具合がさらに大きくなり、大きく伸びたイセエビのようだった)(从维熙〈方太阳〉《中国作家选集丛书·从维熙》p.214 人民文学出版社 1998)

(3-4) 八天的时间又写完了一稿。比我预计的时间提前两天。我未即交出。我说要放两天，松弛一下，<u>再润色一番</u>。(八日間でもう一つの別の原稿を書き上げた。それは予定より二日程度早く仕上げたのだが、私はすぐには出さなかった。私は二日くらいそのままにしておいて、少し心にゆとりを持ってから、もう少し推敲してみようと思った)(梁晓声《自白》p.528 经济日报出版社·陕西旅游出版社 1997)

(3-5) 他们就是让我说，有时嘴角一弯做个嘲讽的表示，<u>略略表现了一下办案人员的幽默感</u>。(彼らは、時には口元を曲げてあざけりの表情を示し、捜査員にユーモアのある様子を少し示したと私に言わせるのだった)(杨少衡〈钓鱼过程〉《人民文学》2000 年第 7 期 p.21)

この中で、"太""很""更""再""略略"はそれぞれ"一些""一番""些""一下"と共起し、形容詞"早(早い)""大(大きい)"と動詞的フレーズ"有学识(学識がある)"と動詞"润色(推敲する)""表现(表わす)"を修飾しているものと思われる。これらの程度副詞は量的語句と共起した場合、どのような意味を表わすのか、文法的にはどのような制限を受けているのかなどについて、これまでの先行研究を踏まえて考察することにする。

程度副詞と量的語句との共起状況を明らかにすることができれば、現代中国語の程度表現システムの一端を究明できるだけでなく、程度性と量性との調和の実態も把握することができる。

1.2. 先行研究

　被修飾語への量的修飾については、最近の研究として、马真1988、周小兵1995、张桂宾1995、徐晶凝1998などがある。これらの研究は程度副詞については系統的に分類しているが、程度副詞と量的語句との共起関係についての指摘はされていない。周小兵1995は程度副詞が量的語句（あるいは数量詞）と共起できるかどうかを基準にして、程度副詞を分類し、"更""比较""稍微"などの程度副詞は量的語句と共起できるが、"很""太"などの程度副詞は量的語句と共起できないとしている。しかし、氏のこの観点は適切でないと、筆者は考えている。

　個々の程度副詞と量的語句との共起関係については考察が多く見られる。饶继庭1961、宋玉珂1980、松村文芳1997は"很＋动词构造（"很"＋動詞的構造）"について考察している。陆俭明1980、陆俭明・马真1985、大島吉郎1982・1986、大島潤子1997及び时卫国1998a・1998bは、"更""还""比较"と量的語句との共起関係についての考察がある。吕叔湘1965、马真1985は"稍微"と"多少"の共通点と相違点について述べて、この二語と量的語句との文法的関係を指摘している。帅宝春1999は形容詞を修飾する時の"太"と"一点"の文法的構造について分析している。时卫国1996・1998c・2000a・2000bは"稍微""再""太"と量的語句との共起関係についてその意味と用法を中心に考察している。

　これまでの先行研究についてまとめて言えば、個々の程度副詞と量的語句との関係については重点的に考察した論考は多いが、程度副詞全体の角度からそれらと量的語句との関係についての研究はまだ未見である。それで、程度副詞と量的語句との共起関係及び中国語における量的修飾の体系はまだ十分に明らかにされていないのではないかと考えている。

1.3. 本章の課題

　本章では下記の課題について考察する。

一、どの種類の程度副詞が量的語句と共起し、どの種類の程度副詞が量的語句と共起できないのか。つまり、どの種類の程度副詞が量的修飾の機能を付与され、どの種類の程度副詞が量的修飾の機能を付与されていないのか。それはなぜなのか。量的修飾の機能を付与された程度副詞と付与されていない程度副詞は、それぞれどのような特色と傾向があるのであろうか。程度副詞について分類した上で詳しく分析する。

二、量的修飾の機能を付与された程度副詞はそれぞれ、どのように被修飾語に関わり、どのような量性を表わすのか。文法的にはどのような制限を受けるのか。その共通点と相違点を明らかにする。

三、被修飾語に含まれた量性についてはどのように修飾され、どのように表現されるのか。量的語句は量的修飾にあたって、どのような働きを担っているのか。程度副詞と量的語句はどのような関係にあるのであろうか。

四、現代中国語の程度性と量性との調和による評価体系はどのように構成されているのか。程度副詞と量的語句との共起の目的と意義はどこにあるのであろうか。

2. 分類

程度副詞は前述の通り、量的語句と共起できるのかどうかにより、量的語句と共起できる程度副詞（Ⅰ）と量的語句と共起できない程度副詞（Ⅱ）に二分類することができる。

  Ⅰ．量的語句と共起できる程度副詞：
    格外　特別　尤　尤其　更　还　比較　较　再　稍微　稍稍
    稍　略微　略略　略　多少　太　忒　过于　很　颇　颇为

Ⅱ．量的語句と共起できない程度副詞：
非常　十分　相当　極其　極为　极　最　顶　有点　挺　怪　蛮

　量的語句と共起できない程度副詞[39]は、それ自体にある既定の程度性を含むものとして"非常""十分""相当"などがあり、またそれ自体に最高の程度性や極端な程度性を含むものとして"最""顶""极""极其""极为"などがある。そして、話者の主観的な感情を専一に表わすものとして用いられるものに"挺""蛮""怪"などがある。またそれ自体にすでに量性を含んでいると思われるものに"有点""有些"などがある。要するに、これらの程度副詞の表わす程度性は調和されるような性質のものではないから、量的語句とは共起できないわけである。

(3-6)　＊也许这个决心下得{非常／十分／相当／极其／极为／极／最／顶／有点}早了点。

　程度副詞と量的語句によって修飾されるものは主として形容詞、動詞及び動詞的フレーズである。
　形容詞は状態や性質を表わす品詞として、その意味には状態性と程度性を内包している他、また量性をも内包しているので、時間的にも数量的にも修飾されることができる。その量性は状態に依存しているので、本研究ではそれを状態量と呼ぶ。
　動詞は人間や動物などの動作・行為などを表わす品詞である。その意味には動作性が内包されており、その動作性には量性も内包されている。たとえば、動作が持続した時間や、繰り返される回数（あるいは繰り返された回数）や、その動作が及ぶ目標あるいは対象の数量などがそれである。本研究ではその量性を動作量と呼ぶ。
　程度副詞はどの種類の量的語句と共起するのか。状態量を修飾するの

か、それとも動作量を修飾するのか、あるいは状態量と動作量のいずれも修飾するのかということによって、それを分類の基準とすることができる。この基準で分類すれば、程度副詞は状態量を修飾する程度副詞（Ａ）と動作量を修飾する程度副詞（Ｂ）に分けることができる。

  Ａ．状態量を修飾する程度副詞：
    更　还　比较　太　忒　尤　尤其　更加　更为

  Ｂ．動作量を修飾する程度副詞：
    稍微　略微　多少　稍稍　稍　略略　略　微微　再　很　颇
    多　少　特別　格外

 状態量を修飾する程度副詞は状態に内包された数量しか修飾できず、時間量は修飾することができない。
 しかし、動作量を修飾する程度副詞は状態に内包された数量や時間量を修飾することも、動作に内包された数量や時間量を修飾することもできる。この中で動作量を修飾する時、ある程度副詞は動作に対する描写性は持つものの、制御性は持っていないのに対し、ある程度副詞は動作に対する描写性と制御性を共に持っており、話者の意図に基づいてある動作・行為を量的に支配することができる。即ち動作に対する制御性の有無を基準にして程度副詞を分類することができる。それで、動作量を修飾する程度副詞は、制御性を持つ程度副詞（１）と制御性を持たない程度副詞（２）に分類することができる。

  １．制御性を持つ程度副詞：
    稍微　略微　多少　稍稍　稍　略略　略　再　特別　多　少

  ２．制御性を持たない程度副詞：

　　　　很　　頗　　格外

　上述の各種の程度副詞は量的語句と共起できるという点では共通している。しかし、量的語句は様々であり、一様ではない。その概念と特色により、不定量的語句と定量的語句に分けることができる。絶対多数の程度副詞は不定量的語句と共起するが、ごく少数の程度副詞の中には定量的語句と共起するものもある。その定量的語句と共起する程度副詞は不定量的語句とも共起する。これに対し、不定量的語句と共起する程度副詞は定量的語句とは共起できない。

一、不定量的語句と共起する程度副詞：
　　　特別　格外　更　更加　比較　很　頗　太　忒　过于　稍微
　　　略微　多少　稍稍　稍　略略　略　微微

(3-7)　黑妹说："反正时间还早，再等几天看，不用急的"大家想想是<u>太</u>急了<u>一点</u>。(「いずれにせよまだ早いから、もうしばらく待とう。急ぐことはないよ」と黑妹は言う。みんなも考えてみると、やはりちょっと急ぎすぎていたようだ)(范小青〈菜花黄时〉《人民文学》1992年第6期 p.51)

(3-8)　许多北方人来到这里，都患上感冒和手足冻疮。比较起来，倒是这地方的人<u>更</u>耐寒<u>一些</u>。(多くの北方出身者はここに来てから風邪を引き、手足には霜焼けができてしまった。比べてみておわかりのように、この辺の人はもっと寒さに耐えられるのだった)(王安忆〈冬天的聚会〉《人民文学》1999年第10期 p.8)

(3-9)　现在，有些传播媒介没有起码的分析，不理解哪怕<u>稍稍</u>复杂<u>一点</u>的事物，人云亦云，对作家既提出了不适当的催促、要求，

又送给大众许多误识。(現在のマスメディアは最低限の分析もせず、ちょっとした複雑な事物でも検証しないままで他人の言ったことをそのまま受け売りし、作家に対しては不当な催促・要求をし、また大衆に対しては多くの間違った知識を伝えている)(张炜《远嘱之行》p.342 长江文艺出版社 1997)

(3-10) 老婆当然不会让我吃土。我抓住晚饭之机见过老婆，看过儿子，<u>略略</u>享用<u>一下</u>天伦之乐，然后在市区东奔西走。(女房は当然私に土なんて食わせたりはしない。私は夕食の時、女房や息子と一緒に、家族との団欒をさわやかに楽しみ、その後はまた町に出て東奔西走の生活だった)(杨少衡〈钓鱼过程〉《人民文学》2000年第7期 p.10)

(3-11) 洛兵来赴约时，穿一普通的素色衬衫，一条深蓝色的长裤，比原先<u>略</u>宽了<u>一些</u>，更显出成熟男人的沉着和稳妥。(洛兵はデートに行く時は、ごく普通の無地のシャツに紺の長いズボンを穿き、以前より少し太っていたが、一人前の男性としての落ち着きと穏やかさを見せていた)(张欣《岁月无情》p.363 长江文艺出版社 1997)

二、定量的語句と共起する程度副詞：
　　还　再　多　少

(3-12) 他指出，我虽然不是领导，虽然学历低一些，年龄<u>还</u>小<u>一岁</u>，但是我比乔渊早两年当刑警，从事公安工作的资历比乔渊长，经验比他丰富。(私は指導者ではなくて、学歴も低く、年も一つ下だったが、しかし喬淵よりは二年早く刑事になり、公安に携わる仕事も喬淵より長く、彼よりベテランだと、彼は言った)(陈源

斌〈你听我说〉《人民文学》2000 年第 4 期 p.15)

(3-13) 母亲就说，等他吃完后，再{*稍微/*略微/*多少}给他盛一碗。（すると、母は、彼が食べ終わったらお代りをしてあげてねと言った）(谢宗玉〈村庄生灵〉《人民文学》2002 年第 4 期 p.92)

(3-14) 龙小羽突然开口打断了韩丁的话："～。其实我知道，我多活一天，晶晶就会多难受一天。～"（龍小羽は韓丁の話を遮って突然口を切り、「～。実は私には分かっているんです。私が一日多く生きれば、晶晶は一日よけいに苦しみます。～」と）(海岩《拿什么拯救你 我的爱人》p.356 作家出版社 2001)

(3-15) 她让服务员再算一遍，依然那么多。荷子让服务员再少些，可说了半天，服务员只答应少算五块。（彼女は店員にもう一度計算させたが、やはり高かった。荷子は店員にもっと負けてくれるように何回も頼んだが、店員は五元だけ負けるとしか応じてくれなかった）(胡学文〈飞翔的女人〉《人民文学》2002 年第 12 期 p.13)

とにかく、量的語句と共起する程度副詞はすべて不定量的語句と共起することができる。定量を修飾する程度副詞であっても、

(3-16) 不过，现在是十二月的夜晚，苹果园漆黑一片，看上去比别的地方还黑一些。（だが、今は十二月の夜で林檎園は真っ暗だったし、他のところよりもっと暗そうに見えていた）(白连春〈拯救父亲〉《人民文学》2000 年第 9 期 p.14)

(3-17) 后两个月收草席的大大提高了价钱，说是旺季来了，给的价比原来多了一倍，所以他就乘机偷闲，每月少织几床，懒散

了许多。(その後の二カ月、むしろを買い入れる人は値段を大きくつり上げていた。シーズンだといって、値段が以前の倍になったので、彼はその機に乗じて仕事を少なくし、わざと毎月少なめに作って、随分なまけていた)(残雪《黄泥街》p.17 长江文艺出版社 1997)

(3-18) 刚刚过了春节，一般的买卖人都还在家里过节，只有希望<u>多挣几个钱</u>的人才出来做买卖。(旧正月を迎えたばかりで、一般の商売人はそのまま家にいて祝日を祝っていたが、お金を多く稼ぎたい人だけが商売に出ているのだった)(王祥夫〈民间故事〉《人民文学》2000 年第 5 期 p.20)

(3-19) 直到赵炜问她：“<u>再喝点儿酒</u>吗？”满瑛才悚然一惊：晚了，已经太晚了。(趙煒が「もう少し酒を飲まないか」と問いかけると、満瑛ははじめて「遅いよ、もう遅すぎるよ」と恐ろしそうに驚いていた)(王芫〈满瑛选择的生活〉《人民文学》2002 年第 5 期 p.96)

のように、不定量的語句と共起することができる。程度副詞と不定量的語句との共起は、現代中国語における重要な特色の一つであり、また、程度性と量性との調和による程度評価体系の重要な機能の一つでもあると言える。

3. 分析

3.1. 状態量を修飾する程度副詞

　この種類の程度副詞はいずれも規定された一定の量的語句としか共起せず、多様な量的語句とは共起できない。もっと適切に言うと、この種類の程度副詞は数量的語句を受け入れるものの、時間的語句は受け入れ

られず、主として"一点""一些"などの語句と共起することになる。そして形容詞や一部の状態を表わす動詞を修飾の対象としている。

(3-20) 他要走完浪游者所走过的同样的路，因为他并没有别的特权。这样他的跋涉就显得更为{更加/更}艰难一些。(彼は旅して回った人の歩いた同じ道を行かなければならない。彼は格別何か特権を持っているわけでもない。その上、その旅はより難儀な旅だった)(行者〈浪游〉《人民文学》1995年第2期p.79)

(3-21) 真的要娶一个长你四岁的已婚女人为妻吗？你是不是太浪漫了一点？(本当に貴方より四歳年上の既婚者を妻としてもらうの？それはちょっとロマンチックすぎるのじゃないの？)(张欣《岁月无敌》p.293 长江文艺出版社 1997)

(3-22) 也许是因为他来自上海，杨小翼和吴佩明交往的比较多一点。(彼は上海から来ているせいなのか、楊小翼は上海人の呉佩明と付き合うことが比較的多かった)(艾伟〈风和日丽〉《收获》2009年第9期p.91)

(3-23) "让我们推心置腹地谈一谈。"在茶馆，穿黄衣服的表弟拦住他毕恭毕敬地说道，还递给他一杯茶。"有些事，你是不是过于急切了一点呢？"(「腹を割って話したいんだ」と喫茶店で黄色い服を着た従兄弟が彼を引き止めて丁寧に言った。そして彼に一杯のお茶を手渡した。「この事については急ぎすぎてるのじゃないの?」)(残雪《黄泥街》p.37 长江文艺出版社 1997)

その他に、個別的な程度副詞はさらに、"几倍(数倍)""几百倍(数百倍)""一层(一層)""一分(一分)""一重(一層)""几分(幾分)""一筹(一段)"

などの語句と共起することもできる。

(3-24) 我内心的歉疚<u>尤甚一重</u>。(私の残念な気持ちはなおさらだった)(梁晓声《白白》p.8 经济日报出版社・陕西旅游出版社 1997)

(3-25) 他向社会攫获的野心比我强烈。因而恐慌也比我更巨大。这一点是我对他的<u>更深一层</u>的认识。(社会に進出しようとする彼の野心は私より強烈だった。そのための恐怖感も私よりもっと大きかった。この点については彼に対して、私はもっと強い認識を持っていた)(梁晓声《泯灭》p.346 贵州人民出版社 1995)

(3-26) 然而事态的变化比他们想象的<u>更糟几百倍</u>。由于子女们犹豫和推诿，沈伟的父母心里颇不痛快，终于早晨第二天凌晨，沈伟的父亲脑溢血，因抢救及时才落得一个半身不遂。(しかし、事態の変化は彼らの想像を超えていた。子供達がためらったり責任を転嫁したりしていたので、沈偉の両親は非常に気分を悪くしていた。翌朝ついに沈偉の父は脳出血になり、応急手当を受けたけれども、半身不随になってしまった)(张欣《岁月无情》p.352 长江文艺出版社 1997)

程度副詞はこれらの量的語句と共起する場合、主として話者がある状態を相対的に評価することを表わしたり、二つの状態あるいは同じ状態の二つの側面を相対的に比較したりする。量的語句はこの中で主として程度評価の相対性を言い表わすことに関わっている。

　この種類の程度副詞はこのように評価・比較を表わすことが多いので、普通、量的語句と共起する場合、相対的に事象を捕捉し、状態に含まれた数量は修飾できるものの、時間量は修飾できない[40]。

(3-27) *他们两个人更好了一段时间。

(3-28) *是不是太晚了一会儿？

　つまり、状態量を修飾する程度副詞は、「程度副詞＋被修飾語＋数量的語句」という構造しか構成されず、「程度副詞＋被修飾語＋時間的語句」という構造は構成されない。この点では動作量を修飾する程度副詞と違っている。

　また、この種類の程度副詞はそのままでは動作・行為を表わす動詞を修飾できず、量的語句と共起する時にも動作・行為を表わす動詞を修飾できない。これらの量的語句は、この場合は形式的な量性を表わし、実在的な量性を表わすわけではないから、動詞を修飾するのには用いられないのである。

3.2. 動作量を修飾する程度副詞

3.2.1. 制御性を持つ程度副詞

　この種類の程度副詞は状態量を修飾する他、また、動作量をも修飾し、動作・行為に対しては制御性を持っている。動作・行為に含まれた数量と時間量を修飾することによって、その動作・行為の規模及び時間の長短などを支配することができる。

　状態量を修飾する時は、

　　程度副詞＋被修飾語（形容詞/状態動詞）＋数量的語句
　　程度副詞＋被修飾語（形容詞/状態動詞）＋時間量的語句

という構造が構成されるが、動作量を修飾する時は、

程度副詞＋被修飾語(動作動詞)＋数量的語句
程度副詞＋被修飾語(動作動詞)＋時間量的語句

という構造が構成される。

特に同じ動作もしくは状態に対しては、その数量と時間量のいずれも修飾することができる。たとえば、

稍微吃了一点。(少し食べた)
稍微吃了一会儿。(少しの間食べた)
稍微安静了一些。(少し静かになった)
稍微安静了一阵儿。(しばらくの間静かだった)

などの言い方は自然な表現として成立するものと思われる。

(3-29) 问她为什么，她先说了句："怎么说呢？"，然后就稍稍沉吟了一会儿，才开口道"和孩子打交道，不寂寞。"(彼女になぜ？と聞いたが、彼女は最初に「何て言ったらいいのか」と言い、少し思案してようやく口を開いて言った。「子どもと付き合っていると寂しくないのよ」)(王安忆《小城之恋》p. 392 作家出版社 1996)

(3-30) 妻的鼻子却微微地耸了一下，身子往后撑着，说："你坐，你坐。"(妻は鼻を少しうごめかしていたが、体を後にそらすようにして言った。「お座り！お座り！」)(从维熙〈黑蜻蜓〉《中国当代作家选集丛书・从维熙》p. 130 人民文学出版社 1998)

(3-31) 人群乱了起来。参加承包的人慢慢离开台根。李玉明宣布了结果，人群才稍稍安静了一些。(人の群れが乱れてきた。請負に加わっていた人は徐々にステージを離れた。李玉明が結果を発

表すると、人の群れはその時から少しずつ静まっていった)(张炜《古船》p.226 人民文学出版社 1995)

(3-32) 他心里有种预感,只要<u>再坐一会儿</u>,史和平就会过来同他搭话的。(もう少し座っていれば、史和平が近付いてきて彼に話しかけるだろうという予感が彼にはしていた)(刘醒龙〈割麦插秧〉《人民文学》1996 第 10 期 p.58)

(3-33) "大嫂子?大嫂子?"我略提高了<u>一下</u>声音,又围着她转了一圈。(「お姉さん!お姉さん!」私は少し声を大きくして、彼女の周りをぐるっと一周した)(徐庄〈徐庄小说〉《人民文学》2000 第 9 期 p.66)

この種類の程度副詞は、制御性を持っているから、客観的な描写に用いられる他、また、意志・願望・催促・命令・依頼・請求などの表現形式にも用いることができる。

(3-34) 快点儿,<u>再快点儿</u>,叫雪封住了道可就麻烦了!(速く!もっと速く!道路が雪で通れなくなってしまったら困るよ!)(李晶・李盈《沉雪》p.320 人民文学出版社 1998)

(3-35) 豌豆先捏了一块,他也捏了一块,惊兔似的塞进嘴里,就觉得甜。过了一会儿,豌豆咂咂嘴。说:"<u>再尝一块</u>吧。"(豌豆(人名)はまず一つ挟んだ。彼もまた一つ挟んでぱっと口の中にほうり込むと、それは甘かった。暫くして、豌豆は少し舌を鳴らして「もう一つ味わってみよう」と言った)(从维熙〈远去的白帆〉《中国当代作家选集丛书・从维熙》p.192 人民文学出版社 1998)

(3-36) "你说得稍微慢一点。"其中一个人插话说道。(「もう少しゆっくり言ってください」とその中の一人が話をさえぎって言った)(王安忆《小城之恋》p.49 作家出版社 1996)

(3-37) 隋见素哼了一声说:"没什么。我不过想告诉他,今后对老隋家的人得多少客气一点。"(隋見素は「何でもないということはない。しかし、これからは隋家の人にはもう少し遠慮するようにと彼に言いたい」と唸って言った)(张炜《古船》p.120 人民文学出版社 1995)

(3-38) "做人嘛,何必这么辛苦?人家没有名分,总得多享受一点恩爱嘛。"司机说完便打开音响,爆出流行情歌。(「ちゃんとした人間になるために、なんでこんなに苦労する必要があるの？彼女は名分もないから、彼の愛を多く享受させてあげるんだよ」と車を運転している人は言い終わるやいなや、プレーヤーのスイッチを入れ、今流行の恋歌を流していた)(张欣《岁月无敌》p.148 长江文艺出版社 1997)

(3-39) "～。咱们快点往回走好,让他少跑点路。～"(～。はやく帰ろう、彼をできるだけ歩かせないように。～)(路遥《中国当代作家选集丛书・路遥》p.175 人民文学出版社 1998)

(3-40) 我越来越感到困惑的是,他为什么不让杨阳与他儿子一起切磋,又为什么不从艺术事业的角度稍稍支持一下杨阳呢?(私がますます困惑しているのは、彼はなぜ楊陽に息子と一緒に頑張らなかったのか、また、なぜ芸術の仕事の面から楊陽をもう少し支えてあげなかったのかということだった)(张炜《远行之嘱》p.231 长江文艺出版社 1997)

"稍微""略微""多少"は、"一点""一会儿"などの量的語句と共起する場合、過去・現在・未来のいかなる状態または動作についても修飾することができる[41]。"再"は主に、未来あるいはいよいよ実現される動作や状態を修飾するが、通常は過去の動作や状態は修飾することができない[42]。"稍微""略微""多少"は少量や短時間量を修飾するが、定量的語句とは共起しない。しかし、"再"は少量や短時間量を修飾できるだけでなく、多量や長時間量をも修飾することができる。その他、定量的語句と共起して明確な数量や時間を表わすこともできる。"稍微""略微""多少"は描写性と制御性を共有しているが、"再"は描写性は持っておらず、制御性しか持っていない。"再"の働きはいよいよ実現される動作や状態などを量的に支配し、その規模が大きかったり小さかったりすることや、それが持続した時間が長かったり短かったりすることを言い表わす点にある[43]。

"特別"は描写性を持っているので、状態量と動作量を修飾し、また制御性も持っている。すでに実現された動作や行為を修飾できるだけでなく、未来あるいはいよいよ実現される動作や行為に対しても修飾することができる。

(3-41)　"～。各位老师监考时对那些重点学生要特别(格外)留心一些。～"(「～。先生方は試験監督の際それらの重要な学生に対しては特に気をつけていただきます。～」)(李平易〈欢乐时光〉《中篇小说选刊》p.87・1992)

(3-42)　第二天，送至火车站，替他买了回河北的火车票。进入站内，又送至车上，与乘务员特别(格外)交代了一番，望着火车开走才返---。(翌日彼を駅まで送っていって、河北へ帰る切符を買ってあげた。ホームに入っていき、更に汽車の中まで送りにいって、乗務員に特別にお願いもしておいた。そして汽車が去って

いくのを見届けてから、はじめて帰途についた---)(梁晓声《自白》p.402 经济日报出版社・陕西旅游出版社 1997)

(3-43) 写信的人在信中要求他考虑七个方面的问题，并且说，请想一想无神论者的可怜和不安宁的生活，也请<u>特别</u>(格外)考察<u>一下</u>他的最不幸的和最可怕的死亡。(手紙を出した人は七つの方面の問題について彼に考えるよう要求し、その他にも、無神論者の気の毒さと不安定な生活についても考えるように述べ、また彼の最も不幸な、最も恐るべき死についても特別に考えてみてほしいと言った)(鲁羊〈鬈毛〉《人民文学》1996 年第 5 期 p.17)

(3-44) 本来我不想说这些，后来想了想，我不能不<u>特别</u>提醒你<u>一下</u>。(本来ならば、こんなことを言いたくなかったんですが、しかし、私は特にあなたに注意しておかなければならないことだったんですよ)(张炜《远行之嘱》p.275 长江文艺出版社 1997)

(3-45) 尽管这样，你以后遇到受过大苦、遭到很大不幸的人，还是要<u>特别</u>给他<u>一些</u>尊敬，不妨先把他当作同类。(そうは言っても、あなたは今後色々と苦しい目にあったり、大変不幸な目に遭ったりした人に会った時は、そういう人を特に尊敬するようにし、またそういう人を仲間としたらいいですね)(张炜《远行之嘱》p.276 长江文艺出版社 1997)

しかし、"特別"はもっぱら事物の特殊性を強調することになるから、一般の動作や行為を修飾するのに用いられにくいのである[44]。

3.2.2. 制御性を持たない程度副詞

この種類の程度副詞は状態量と動作量を修飾し、すでに実現された状

態や過去の動作を修飾するのによく用いられ、そしてその数量が多かったり時間が長かったりすることを言い表わす。"很""颇"はそれ自体に量性を有していないため、単独では動作を表わす動詞を修飾することができない。単独では形容詞を修飾することができるものの、状態量はそのままでは修飾することができない。量的語句と共起した上ではじめて状態量と動作量を修飾することができるようになる。

(3-46) 对于素何，穆青很下过一番功夫去了解她，得知她出身世家，从小就受过良好的教育，也是后来家道中落，才不得不去了国棉三厂设计花布，～。（素何については、穆青は時間をかけて彼女を調べた結果、彼女は名門の出身で小さい時から教育を受けていた。しかし後に家が落ちぶれてしまったために、国営第三綿紡績工場へ更紗の設計の仕事をしに行かざるを得なかったということが分かった）（张欣《岁月无敌》p.72 长江文艺出版社 1997）

(3-47) 维沉替罗丝小姐关好玻璃窗，听见她说："这个女人很有几个钱，每年都会到我那去买一两件珠宝。不过----"（維沈はライスさんの代わりにガラス窓を閉めると、彼女が「この女はかなり金持ちです。毎年私のところで一つか二つくらい真珠や宝石類の装飾品を買っているんですよ。でも---」というのを耳にしていた）（张欣《岁月无敌》p.259 长江文艺出版社 1997）

(3-48) 她想起两年前的冬天，很兴了一段女人佩戴紫貂皮毛围领，一时间满街的妇女纷纷效法。（二年前の冬は、女性がクロテンの毛皮の襟を付けることが流行っており、一時期には町中の女性が次から次へと真似ていたのを、彼女は思い出した）（张欣《岁月无敌》p.72 长江文艺出版社 1997）

(3-49) 事物的价值，特别是人的价值，也得靠机遇。新时期开始后，文学很走红了一阵，年年轰动，为什么？机遇。（物事の価値、特に人間の価値というものは、それも時期によるものだ。新しい時代が始まってから文学というものも人気が出てきて、毎年センセーションを巻き起こすようになった。なぜかというと、いい時期に遭遇していたというわけだ）（萧平〈三万元〉《人民文学》1995 第 1 期 p. 47）

(3-50) 王建军原来是中国外运总公司北京分公司的职员，别看他年纪轻轻，却颇有一番"雄心壮志"。（王建軍はもともと中国輸出運輸会社北京支社の職員であり、そして彼は非常に若かったが、遠大な志を持っていた）（孙晶岩〈中国金融黑洞〉《人民文学》2000 第 5 期 p. 34）

(3-51) 我之所以对她们格外(特别)地评说了一番，并不因她们实际占有金钱的数量，甚至也不是她们聚敛个人资本的独特的方式方法。（私が彼女達のことを特別に評論したのは、別に彼女たちが実際に持っている金銭の額によるものでもなく、ましてや彼女達が資金を取るための独特な方式や方法を持っていることによるものでもなかった）（梁晓声《中国社会各阶层分析》p. 142 经济日报出版社 1997）

"很"は状態を修飾する時には、主として時間量を修飾するが、"*很安全一些""*很兴奋一点"のように数量は修飾できない。動作・行為を修飾する場合は、時間量と数量のいずれも修飾することができるが、ただし制御性は持っていない。一方、"颇"は状態を修飾する時、その時間量と数量のいずれも修飾することができる。そして数量をも修飾できるという点でも、"很"と異なっている。ただ"很""颇"は共に制御性を

持っていないので、意志・願望・催促・依頼・請求などの表現形式には用いられない。

(3-52)　??那你们很积累一些经验！

(3-53)　??你对她颇产生一点好感！

　"很""颇"はただ描写の角度から状態と動作の量性を修飾するだけであり、主観的には任意にそれを変えたりコントロールしたりすることができない。つまり、"再""稍微"などと比べれば、"很""颇"はまったく異なった文法的性質を有しており、すでに実現された動作や状態だけを修飾の対象とする。
　状態量を修飾する時には、"格外"は大体"更""特別"などと同じであり、主として評価の相対性と客観性を表わすが、動作量を修飾する時には、動作や行為の特殊性を強調することになり、"特別"と置き換えることもできる。

(3-54)　不知为什么，老隋对几位男员，内心似乎<u>格外地</u>{更/特别}存着<u>分儿</u>在栽培之心，我是其中的一个。（なぜなのか分からなかったが、隋さんは内心何人かの男性職員に対し特別に彼らを引き立てようとしていたらしい。私もその中の一人だった）（梁晓声《自白》p.35 经济日报出版社 1997）

　しかし、"格外"は制御性を持っていないため、"特別"のように意志・願望・催促・命令・依頼・請求などの表現形式には用いられない。この点においては、"格外"は"很""颇"と同じである。その共通点としては動作や行為を描写できるものの、意図的にはその動作や行為をコントロールすることができない点にある。

3.3. 量的修飾の表現形式

　程度副詞は量的語句と共起することにより、度が過ぎることや、相対的な比較や、多量と少量及び反復量を表わす評価形式として用いられ、更に程度性と量性との調和による完備した評価体系を形成するのである。

　"太""忒"は量的語句と共起する場合、相対的な評価を表わす。"太"自体は主観的な過度評価を表わし、話者の顕著な態度や、偏った独断的な印象を与えやすいが、量的語句と共起した時は、"太"は話者の態度を巧みに表現し、比較的妥当で客観的な感じを受ける。即ち量的語句の役割は評価の客観性と相対性を表わすことにある。それで、"太"は量的語句との共起により、客観的に過度を表わす評価形式を構成しているのである[45]。

　"更""还""比较"は量的語句と共起する時、比較の相対性を表わす。この三語はそれ自体だけでも比較を表わすことができる。例えば、"更""还"は二つの事象を比較し、累加の程度性を表わす。しかし、量的語句と共起しなければ、著しい主観的な色彩を帯びているために、客観的に事象を比較することはできない。そしてこの三語は量的語句と共起する時には、量的語句はその比較を相対化させる働きを示すことによって、主観的な傾向を極力回避するための評価姿勢を保っている。"更""还""比较"及びその量的語句は、一種の相対的な比較を表わす評価形式を構成しているのである。

　"很""颇"などの程度副詞は、量的語句と共起する時、状態に含まれた数量と時間量だけでなく、動作・行為に含まれた数量と時間量に対しても修飾する機能がある[46]。量的語句は評価の相対性を示すのではなく、漠然とした数量と時間量を表わすのである。"很""颇"及びその量的語句は一種の多量を表わす描写的な評価形式を構成しているのである。

　"很""颇"と"太""更""还""比较""格外"とは共通点もあれば、相違点もある。共通点としてはいずれも描写的性格を有しており、事象の客観的評価に多く用いられるという点である。相違点としては"很"

"頗"はさらに状態や動作に含まれた多量と長時間量を表わすことができるという点である。

　"特別""格外"は量的語句と共起することによって、相対的に事象を比較し、その状態量と動作量を修飾する機能がある。この場合は、ある状態や事象あるいは動作・行為が特殊であっても、それに対する発話者による独断ではなくて、相対的で客観的な評価態度が保たれているということを端的に強調しているのである。

　"稍微""多少"と"再"などは具体的な状態や動作などを修飾して、確定的な状態や動作を表わす。これに対し、"特別""格外"は具体的な状態や動作を修飾せず、確定的な状態や動作を表わすわけではないが、ただある動作や状態が普通と異なることを強調し、状態や動作がその他と異なることを誇張して独自な特色を持っている量的評価形式を持った程度副詞だと考えられる。

　"稍微""略微""多少""稍稍""微微"などは量的語句と共起する時、状態や動作に含まれた内容の少量や短時間量を修飾することになる。この種類の程度副詞は、普通、量的語句と固定して共起し、もっぱら状態量や動作量を修飾するという修飾構造を作ることになる[47]。意味的には、これらの程度副詞は多量と長時間量を表わす"很""頗"とは反対の意味を成している。量的修飾の機能から言えば、それらはいずれも制御性を持ち、意志・願望・命令・依頼・請求などの表現形式に用いられるから、"很""頗"とは区別される。"稍微""略微"などの程度副詞及びその量的語句は、比較や少量を表わし、その上に動作や行為に対して制御性を持つ評価形式を構成することになる。

　"再"は量的語句と共起する時、状態量と動作量を修飾し、しかも動作・行為に対する制御性を持っている。この点では"稍微""多少"などの程度副詞とは共通している。"再"は不定量的語句とも定量的語句とも共起することができる。つまり、"再"は少量と多量のいずれも修飾し、また、定量を修飾することもできる。この点では"稍微""多少"とは異

なり、比較を示す"还"とは類似している。しかし、"还"は"比"構文にしか用いられず、また動作量を修飾することもできず、意志・願望・命令・依頼・請求などの評価形式にも用いられない。

"再"はそれぞれ"稍微""略微""多少"と結び付いた上で、量的語句と共起することにより、AとBの二構造を持っているのである。

　　Ａ修飾構造
　　再＋｛稍微／略微／多少｝＋被修飾語＋量的語句
　　<u>再稍微吃点</u>吧！（もう少し食べよう）
　　<u>再略微干点</u>吧！（もう少しやろう）
　　<u>再多少看点</u>吧！（もう少し見よう）

　　Ｂ修飾構造
　　｛稍微／略微／多少｝＋再＋被修飾語＋量的語句
　　<u>稍微再吃点</u>吧！（もう少し食べよう）
　　<u>略微再干点</u>吧！（もう少しやろう）
　　<u>多少再看点</u>吧！（もう少し見よう）

　Ａ修飾構造はある前提を持つことを強調し、その上に引き続き増量させることを表わすが、Ｂ修飾構造はある前提を持つことをあまり強調せず、増量だけを求めることになる。その修飾構造の中には"稍微""略微""多少"があるから、"再"はこの場合、定量的語句とは共起することができなくなる。たとえば、

　　＊稍微再吃两块吧！
　　＊再稍微吃两块吧！

などがそれである。

"一点""一些"などの量的語句は動作を表わす動詞(たとえば、"喝一点(少し飲む)""拿一些(少し持つ)"など)を修飾することができる。"太""更""还""比較""格外""特別"と共起する時、主に過度の評価や比較の評価の相対性を表わし、形式的な量性を示すだけであって、実在的な量性を表わすことはできない。その証拠として、"一点""一些"はこの場合は動詞を修飾することができないという点にそれが見られる。

"一点""一些"などの量的語句は"很""頗"や"稍微""略微""多少"と共起する時、量的語句は実在的な量性を表わす上で、これらの程度副詞が動作量(たとえば"很""頗"など)と状態量を修飾する時には、なくてはならない構成要素となっている。そして"很""頗"は単独では動作量を修飾することができない。また、量的語句は"很""頗"と共起する場合は、多量を表わすことになる。

一方、"稍微""略微""多少"は単独では形容詞・動詞を修飾することはできない。量的語句は"稍微""略微""多少"と共起する場合は、少量を表わす。"再"は単独でも動詞を修飾し、"一点""一些"のような量的語句と共起する時には反復する動作に少量が含まれていることを表わす。それで、同じ種類の量的語句であっても、共起する程度副詞によってはそれぞれ異なった量性と文法的機能を発揮することになる。

4. まとめ

中国語の程度副詞の量的修飾による評価体系、評価形式について考察すると、大体動態と静態の二種類に分けることができる。二者は対立し統一された関係にある。動作量を修飾する程度副詞は主として動態を修飾し、動態の量性を描写したり支配したりすることになる。それに対し、状態量を修飾する程度副詞は、主として静態を修飾し、静態の量性を描写することになる。即ち現代中国語の程度性と量性との調和による評価体系は動態の評価形式と静態の評価形式から構成されている。一言で言

えば、程度性と量性との調和による評価体系は事象の量性に対する評価体系である。

　程度性と量性との調和による評価体系の中で、程度副詞は量的語句の意味と機能を規定し、量的語句は程度副詞の動態又は静態を修飾する時に不可欠な文法的要素であり、程度性と量性との調和による評価形式の有機的な構成部分である。程度副詞は量的語句と共起することにより、評価の内容を相対化し、動作や状態に含まれた数量と時間を具体化させるだけでなく、動態と静態に含まれた各種の量性をも識別するのに役立つものである。

第三章 被修飾語への量的修飾

程度副詞	量性	状態量 一点	動作量 一些	制御性 一下	相対評価 一些	定　量 活一天	不定量 一些
太		○	×	×	○	×	○
忒		○	×	×	○	×	○
过于		○	×	×	○	×	○
过		×	×	×	×	×	×
极		×	×	×	×	×	×
极其		×	×	×	×	×	×
极为		×	×	×	×	×	×
非常		×	×	×	×	×	×
异常		×	×	×	×	×	×
十分		×	×	×	×	×	×
万分		×	×	×	×	×	×
很		○	○	×	×	×	○
好		○	○	×	×	×	×
颇		○	○	×	○	×	○
颇为		○	○	×	○	×	○
相当		×	×	×	×	×	×
特别		○	○	○	○	×	○
挺		×	×	×	×	×	×
怪		×	×	×	×	×	×
蛮		×	×	×	×	×	×
其		×	×	×	×	×	×
有点		×	×	×	×	×	×
有些		×	×	×	×	×	×
最		×	×	×	×	×	×
顶		×	×	×	×	×	×

更	○	×	×	○	×	○
更加	○	×	×	○	×	○
更其	○	×	×	○	×	○
更为	○	×	×	○	×	○
尤其	○	×	×	○	×	○
尤	○	×	×	○	×	○
格外	○	○	×	○	×	○
比较	○	×	×	○	×	○
较	○	×	×	○	×	○
较为	○	×	×	○	×	○
较比	×	×	×	×	×	×
还	○	×	×	○	○	○
再	○	○	○	○	○	○
多	○	○	○	○	○	○
少	○	○	○	○	○	○
稍微	○	○	○	○	×	○
略微	○	○	○	○	×	○
多少	○	○	○	○	×	○
稍	○	○	○	○	×	○
稍稍	○	○	○	○	×	○
稍为	○	○	○	○	×	○
略	○	○	○	○	×	○
略略	○	○	○	○	×	○
微微	○	○	○	○	×	○
些微	○	○	○	○	×	○

第四章

修飾語どうしの共起による複合的修飾

1. 概観

1.1. はじめに

　程度副詞は形容詞または動詞を修飾し、事物や状態の程度性を表わすものとして単独で用いられる他、互いに共起する機能も持っている。たとえば、

　　　(4-1) 这个人的态度<u>有点</u>不像话。(この人の態度はちょっと話にならない)

　　　(4-2) 这个人的态度<u>太</u>不像话。(この人の態度は全く話にならない)

　　　(4-3) 这个人的态度<u>有点太</u>不像话。(この人の態度は全く話にならない)

　　　(4-4) 这个人的态度<u>太有点</u>不像话。(この人の態度は全く話にならない)

　(4-1)(4-2)では、"有点"と"太"はそれぞれ単独で"不像话(話にならない)"を修飾しているが、(4-3)(4-4)では"有点"と"太"は共起して重ねられた形で"不像话"を修飾していると見られる。"有点"と"太"はいずれも同じセンテンスに生起するだけの属性[48](たとえば、前置性と

か後置性など)を持っているので、共起できるのである。

一方、程度副詞の中には単独では用いられにくく、その他の程度副詞と共起しなくてはならないものがある。たとえば、"多少""稍微"は相関の程度副詞[49]と共起する程度副詞として、"有点""有些"などと共起しなくてはならない。

(4-5) ??男演员不像电影上那么潇洒和开朗，在她看来还多少拘谨。

(4-6) 男演员不像电影上那么潇洒和开朗，在她看来还<u>多少有点</u>拘谨。(その男は映画で見るほどスマートで朗らかではない。彼女の見たところ、少し堅い感じがした)(张炜《如花似玉的原野》p.105 人民文学出版社 1995)

(4-7) ??月色昏昏，星光稀少，天气稍微闷热。

(4-8) 月色昏昏，星光稀少，天气<u>稍微有些</u>闷热。(月の光もおぼろで星の光もまばらであり、少々蒸し暑かった)(莫应丰《中国当代作家选集丛书・莫应丰》p.200 人民文学出版社 1998)

"多少""稍微"は(4-5)(4-7)のように単独では用いられず、"有点""有些"と共起してはじめて修飾語としての機能を果たすことができる。このことから、"多少""稍微"は文法的には独立性に欠けているので、"有点""有些"などのような程度副詞と共起することの必要性が認められるものと考えられる。

本章では、程度副詞どうしが共起する時にはどのような意味と用法を持つのか、程度副詞どうしの共起の意義はどこにあるのかについて考察することとする。

1.2. 先行研究

　《现代汉语虚词例释》1982、《现代汉语虚词用法小词典》1984 などの先行研究では、程度副詞どうしの共起についての言及はない。《现代汉语八百词》1982、《现代汉语副词分类实用词典》1989 では、"稍微＋有点"という形式について両者がよく共起すると述べているものの、具体的な分析は行われていない。また、その他の形式についても触れられていない。

　吕叔湘 1965 は"稍微＋有点""多少＋有些"の他、"很＋有点／有些"についても言及している。杨从洁 1988 でも"有点"は"稍微""稍稍"と共起することができると指摘されている。时卫国 1996、1998a では"稍微＋有点"、"略微＋有点"、"多少＋有点"及び"有点＋太"などの形式について触れている。しかし、これらの論考はいずれも、他の問題を考察する際にこのテーマを取り上げたものであって、程度副詞どうしの共起についてという角度からの考察ではない。

　赖先刚 1995 は各種の程度副詞の文中における位置と語順について考察し、程度副詞は否定を表わす副詞と共起できると指摘しているが、しかし、程度副詞どうしの共起の問題については述べていない。

　张亚军 2002 は程度副詞の共起について、"还＋更(加)＋ＡＰ""稍(微)＋有点儿""有点儿＋太／过于""太＋过(于)"の四つのパターンを挙げている。氏の研究は程度副詞の共起を理解するのにプラスであり、評価されるものであるが、ただし、各パターンについては詳しく説明されていない(《副词与限定描状功能》p. 162-163)。

　とにかく、上述の先行研究では、程度副詞どうしの共起の原理と規則については、いずれも系統的に分析しているものではない。それで、この問題については系統的に研究する必要があるものと思われる。

1.3. 本章の課題

　本章では以下の課題について考察する。

一、程度副詞には他の程度副詞と共起できるものと共起できないものがあるが、どの種類の程度副詞が共起し、どの種類の程度副詞が共起できないのかを明らかにしたうえで、程度副詞について分類する。
二、程度副詞は他の程度副詞と共起する時には、どのような意味を表わし、文法上どのような制限を受けているのか。被修飾語に対しては選択性があるのかどうか。
三、程度副詞には他の程度副詞と共起する程度副詞と共起しない程度副詞があるが、それらはそれぞれどのような特色を持っているのか。他の程度副詞と共起する程度副詞はどのような共起構造を作り、どのような程度表現を担っているのか。そうして他の程度副詞と共起しない程度副詞はなぜ後置的修飾に用いることができないのか。
四、程度表現体系の中で、程度副詞どうしの共起は、どのような機能を果たし、どのような意義を持っているのか。

2. 分析

程度副詞は前述の通り、その程度の大きさにより、程度の大きいことを表わす程度副詞と程度の小さいことを表わす程度副詞に分けることができる[50)]。以下、論述の便宜上、程度の大きいことを表わす程度副詞をA類の程度副詞と、程度の小さいことを表わす程度副詞をB類の程度副詞と呼ぶことにする[51)]。

A類の程度副詞には"太""极""很""非常""十分""相当""特別""格外""甚""颇""最""更"などがあるが、B類の程度副詞には"稍微""略微""多少""稍稍""略略""微微""稍""略""有点""有些"などがある。

この中で他の程度副詞と共起することのできる程度副詞として、A類

の程度副詞には"太""极""很""甚""颇""最""更"などがあるが、B類の程度副詞には"稍微""略微""多少""稍稍""略略""微微""稍""略""有点""有些"などがある。A類の程度副詞の中で他の程度副詞と共起することができる程度副詞はごく一部に限られるのに対し、B類の程度副詞は全部他の程度副詞と共起することができる。A類の程度副詞で共起できる程度副詞は単音節の程度副詞に限られているが、一方、B類の程度副詞はこの制限を受けるとは限らない。

程度副詞どうしが共起できる構造は、次のような種類のものがある。

1. A類の程度副詞＋B類の程度副詞＋被修飾語
    （大きい程度＋小さい程度（少量）＋被修飾語）

2. B類の程度副詞＋A類の程度副詞＋被修飾語
    （小さい程度＋大きい程度＋被修飾語）

3. B類の程度副詞＋B類の程度副詞＋被修飾語
    （小さい程度＋小さい程度（少量）＋被修飾語）

4. A類の程度副詞＋A類の程度副詞＋被修飾語
    （大きい程度＋大きい程度＋被修飾語）

本研究では、程度副詞どうしが共起できる構造を共起構造と略して呼ぶことにする。そして、この共起構造の中で前に用いられる程度副詞は、前置的程度副詞、後に用いられる程度副詞は後置的程度副詞と呼ぶことにする[52]。

前置的程度副詞は文法上、後に後置的程度副詞を受け入れるだけの性質を備えているものと考えられる。この後に後置的程度副詞を受け入れるだけの性質を承後性と呼ぶ。一方、後置的程度副詞は文法上、前に前

置的程度副詞を受け入れるだけの性質を備えているものと考えられる。この前に前置的程度副詞を受け入れるだけの性質を承前性と呼ぶ。

　前置的程度副詞は共起構造において承後性が認められているから、その後に後置的程度副詞を添加することができる。それに対し、後置的程度副詞は共起構造において承前性が認められているから、その前に前置的程度副詞を添加することができる。後述するように、程度副詞には承前性と承後性を共に持つものがある。この種類の程度副詞は、共起構造には前置的程度副詞としても後置的程度副詞としても使用することができる。

　以下、各構造について考察する。

2.1.　A類の程度副詞＋B類の程度副詞

　この種類の構造は大きい程度＋小さい程度＋被修飾語という構造である。また、大きい程度＋少量＋被修飾語という構造でもある。特徴として大きい程度は前に、小さい程度は後に置かれる。前置的程度副詞には"最""太""极""很""更""颇""甚"など、後置的程度副詞には"有点""有些"など[53)]がある。即ち、それぞれ以下のような形式をなす。

```
太＋有点/有些　　（余りに＋少し/いささか）
忒＋有点/有些　　（余りに＋少し/いささか）
极＋有点/有些　　（極めて＋少し/いささか）
颇＋有点/有些　　（頗る＋少し/いささか）
甚＋有点/有些　　（甚だ＋少し/いささか）
很＋有点/有些　　（とても＋少し/いささか）
最＋有点/有些　　（最も＋少し/いささか）
更＋有点/有些　　（さらに＋少し/いささか）
还＋有点/有些[54)]（さらに＋少し/いささか）
```

ここに挙げられた前置的程度副詞は、"最""更""还"のような特定的比較を表わす程度副詞と"太""忒""极""颇""甚""很"のような非特定的比較を表わす程度副詞に分類されるが、それらはいずれもB類の程度副詞と共起できるという点ではほぼ共通している。そして、A類の程度副詞＋B類の程度副詞という構造で用いられる場合は、客観的事実に対する話者の主観的な評価を表わす婉曲的な表現形式を構成し、ある事象の程度が大きいことを言い表わす。

"太＋有点/有些"と"忒＋有点/有些"は、過度＋少量という構造であり、過度の状態に対する婉曲的な表現形式として用いられ、やや硬い感じはあるものの、話し言葉にも登場する。"极＋有点/有些"は極度＋少量という構造であり、極点に達する程度性に対する婉曲的な表現形式として、よく書き言葉に現われ、話し言葉にはほとんど出てこない。"颇＋有点/有些"と"甚＋有点/有些"は甚大な程度性＋少量という構造であり、甚大な程度性に対する婉曲的な表現形式として用いられるが、ただ話し言葉には登場しない。

これらに対し、"很＋有点/有些"は、同じ甚大な程度性＋少量という構造ではあるが、場合によっては話し言葉にも用いられる。"最＋有点/有些"は最大の程度性＋少量という構造であり、最高の程度性に対する婉曲的な表現形式として書き言葉に多用される。そして、"更＋有点/有些"と"还＋有点/有些"は累加の程度性＋少量という構造であり、書き言葉にも話し言葉にも用いられる。たとえば、

(4-9) 相比较，我感到我们家里太(极／很／甚／更)<u>有点儿杂乱无章</u>，---。(よそと比べると、我が家はものすごくごたごたしているような気がする)(叶广芩〈广岛故事〉《2003中国年度最佳中篇小说(上)》p.278 漓江出版社 2004)

(4-10) 她终于没能把他等回来。对于这个，她是有预感的。他们之

间的一切是<u>太</u>(极／很／甚／更)<u>有些</u>离奇了，离奇得已经超出了她最狂野的想象，而她恰恰发现：有的时候，现实看起来比想象更离奇。(彼女が待っていた彼はとうとう帰ってこなかった。このことについては彼女には予感があった。彼らの間のすべてのことについてあまりにも不思議であり、それはもう彼女の最も逞しい想像の範囲を超えていたが、彼女にはちゃんと分かっていた。時には現実というものは想像を超えた不思議なことが起きるのだと)(欣力〈劳伦斯的玉〉《当代》2005 年第 3 期 p.205)

(4-11) 其实，是不可能的，我自己就<u>颇</u>(极／很／甚／更)<u>有点</u>沾沾自喜。(実際には、それは不可能なことだ。私自身は一人で非常に悦に入っていた)(李平易〈欢乐时光〉《中篇小说选刊》1992 第 4 期)

(4-12) 虽然门票贵得我<u>颇</u>(极／很／甚／更)<u>有些</u>吃不消，但我咬咬牙还是掏了出来。(入場券の値段は非常に高くて私にはとても買えそうになかったが、しかし、私は思い切って財布を取り出してしまった)(方方〈行为艺术〉《中国作家》1993 年第 2 期)

(4-13) 柳霞的脸上<u>很</u>(极／很／甚／更)<u>有点</u>挂不住了，连忙否认，才不是呢！谁怕谁呀！随即，脱口便将那个人的名字告诉给李秀梅。(柳霞は顔色が変わっていた。違うよ、誰が怖いのと急いで否定していたが、直ぐにその人の名前を李秀梅に教えていた)(张学东〈婚俗二题〉《2003 年中国短篇小说精选》p.185 长江文艺出版社 2004)

(4-14) 我再一次蹬车过桥，在我第一次遇到飘云的地方，有一对男女正依偎着谈恋爱，他们的头挨在一起，夜雾已下，其实桥

上已经很(极／颇／甚／更)有些冷了，可这两人却浑然不觉。(私はもう一度自転車で橋を渡った。私がはじめて雲の漂っているのを見た場所で、あるカップルが寄り添って愛をかわしていた。彼らは頭をくっつけて寄り添っていた。夜霧がもう立ち込めており、実は橋のあたりはもうかなり寒くなっていたが、この二人はまったく気付いていなかった)(方方〈行为艺术〉《中国作家》1993第3期)

(4-15)　同屋的女孩更(最／太／极／很／颇／甚)有些嫌恶她，几乎要以为她是长了蚤子之类的东西，尽管她是天天洗澡，而她们一个星期才到澡堂去洗一次。(同じ部屋にいたその女の子は彼女をとても嫌っており、彼女が蚤を生んだのではないかとまで思っていた。彼女は毎日お風呂に入るのに、他の人は週に一回くらいしか銭湯に行っていなかった)(王安忆《小城之恋》p.175 作家出版社 1996)

　前置的程度副詞と後置的程度副詞は共起後、程度性が調節されるようになるので、新しい程度性を表わすことになる。"颇有点"を例にとれば、その程度性は"颇"よりは小さいものの、"有点"よりは大きいということから、その他は類推できる。前置的程度副詞の修飾範囲は後置的程度副詞よりは小さいが、双方の共起によりその意味的領域や修飾範囲が拡大されることもある。
　たとえば、"极""很""颇""甚""更"は"沾沾自喜(一人で悦に入る)""愤愤然(憤懣やるかたない)""忐忑(気が気でない)"などの形容詞を修飾しにくいが、しかし、"有点""有些"と共起すれば、(4-11)のように間接的にそれらを修飾できるようになる。この種類の構造は静かで荘重な語感を有し、味わい深い表現として婉曲的且つ含蓄ある雰囲気が作り出せるのである。ただし、前置的程度副詞のその書き言葉的形式は以下の

例文に示すように、この種類の構造には用いることができない。

(4-16) *我自己就{极为/极其/颇为/甚为/更为/更加}有点沾沾自喜。

(4-17) *我自己就{非常/特别/十分/相当/格外/尤其}有点沾沾自喜。

(4-18) *我自己就{怪/挺/蛮/好}有点沾沾自喜。

これはなぜなのか。"极""颇""甚""更"はその直後に"为""其""加"が加えられることによって、その意味と語感を強化はできるが、そのことで相対性を失ってしまうので、後置的程度副詞とは調和し難いのである。

また、二音節語の程度副詞"非常""特別""十分""相当""格外""尤其""过于""万分"は、"有点""有些"とは共起できない。これらはA類の程度副詞には属するが、しかし、二音節の程度副詞の意味・語感・程度性はいずれも単音節の程度副詞より強い。それ自身の程度性はそれに高度な独立性をもたらし、他の程度性を受けることが許容されないだけに、後置的程度副詞を排斥し、調和できないのである。

その他、"怪""挺""蛮""好"などの程度副詞は、音節の面での制限は持っていないものの、ひたすら発話者個人の感情を表わすことになるから、他の程度副詞との共起が許容されないのである。

一方、後置的程度副詞は前置的程度副詞に対し、厳しい選択性と接続上の制限を持っている。そのため、単音節の程度副詞しか受けられず、二音節の程度副詞とは共起することができない。その他、後置的程度副詞はその構造の修飾範囲を規定し、被修飾語とは直接に関係すると同時に、前置的程度副詞による意味上の制限を受けることになり、前置的程

度副詞を受けてそれと一緒に被修飾語を修飾するという文法的機能も付与されている。

　この種類の構造は前置的程度副詞の書き言葉的形式と他の二音節の程度副詞とは共起できないものの、その構造自体は主に書き言葉として用いられる。話し言葉では、程度表現が簡潔明快に行われることが求められるが、この構造は婉曲的な語気を含むことが多く、程度性は曖昧であり、何を言うのか分からないというような感じを与える。そのため、趣のある表現として書き言葉には多用される。

2.2.　B類の程度副詞＋A類の程度副詞

　この構造は少量＋大きい程度という構造であるが、また少量＋過度という構造とも言える。特徴として前には小さい程度(少量)であり、後には大きい程度(過度)である。上述のA類の程度副詞＋B類の程度副詞という構造と比べれば、語順が反対になっている上に、程度性も異なっている。前置的程度副詞として用いられるのは"有点""有些"だけであるが、後置的程度副詞として用いられるのは"太""式""过于""过""越来越"などである。即ち、以下のような形式をなす[55]。

　　　有点/有些＋太＋被修飾語　　　（少し～すぎる）
　　　有点/有些＋式＋被修飾語　　　（少し～すぎる）
　　　有点/有些＋过于＋被修飾語　　（少し～すぎる）
　　　有点/有些＋太＋过＋被修飾語　（少し～すぎる）
　　　有点/有些＋越来越＋被修飾語　（少し～してきた）

たとえば、

　　(4-19)　妈妈虽没有格外长出爱干净的习惯，以礼待人的教养，但她
　　　　　　长出了治家过日子的意识，和一万块钱相比，和一座房子相

比，干净和教养还是<u>有点太</u>虚了嘛！(母には特に綺麗好きの習慣や礼儀正しく人に接するという教養はなかったが、一家を治め生活するという意識は持っていた。一万円と比べるとか、一棟の家屋と比べるとかいうことと比べると、綺麗さとか教養とかいっても、それはちょっとむなしい話ではないか)(北北〈寻找妻子苦菜花〉《2003中国年度最佳中篇小说(上)》p.62漓江出版社2004)

(4-20) 随着社会气氛的渐渐浓厚，鹿敏儿不由得又想起了"木头人"的好处，她忽然觉得沈光一也有不足，那就是离她的身体<u>有些太</u>远了。(社会の気風が豊かになるにつれて、鹿敏児はまた思わず「のろま」のよさを思い出していた。彼女は突然沈光一にものろまな所があったのに気付いたのだが、今そのことは彼女の体から遠くに離れていってしまっているということだった)(王芫〈你选择的生活〉《当代》2002年第1期p.96)

(4-21) 我觉得这事情<u>有点</u>过于尖锐，而且容易叫人为之胆寒。(そのことはあまりにも厳しく思われ、しかも人を怖がらせやすいことだと私は思っていた)(鬼子〈被雨淋湿的河〉《人民文学》1997年第5期p.16)

(4-22) 一想到开学，鹿敏儿的精神便为之一振，她甚至也觉得自己最近这一段<u>有些过于</u>放松，因此极希望被外力约束一下。(新学期のことを考えると、鹿敏児は奮起しなければと思った。最近しばらくの間自分は少し楽をしすぎていたと思っていたので、これからは外からの力によって自分を規制しなければと思っていた)(王芫〈你选择的生活〉《当代》2002年第1期p.113)

(4-23) 母亲认为大虎变瘦了，就必然在外面"胡作非为"，她这个"判

官"也是<u>有点太过</u>夺理。(大虎が痩せていたのはきっと外で勝手気ままなことをしたからだと母は思っていたが、「裁判官」になったつもりの母は道理に合わないことを無理に言い張っていた)(陈伯坚〈母亲的张大汗〉《人民文学》1998 年第 12 期 p.81)

(4-24) ??今天有点太高兴了。

(4-25) *今天有点(最／极／很／颇／甚／更)冷。

(4-26) 说话？那得有多少话说呀？你们都说什么呢？我觉得不能理解，我也<u>有些越来越</u>佩服修丽丽，我觉得她很了不起。(話って何よ？どれぐらい話すことがあるの？貴方達は何を話すと言うの？私には理解できなかった。しかし、私はだんだん修麗麗に頭を下げるようになり、そして彼女の方が偉いと思うようになっていった)(陈伯坚〈母亲的张大汗〉《人民文学》1998 年第 12 期 p.81)

　张亚军 2002 では"有点儿＋太／过于"について、"有点儿"は小量(少量)を表わす程度副詞であるのに対し、"太""过于"は大量(多量)を表わす程度副詞であり、意味的には矛盾しているが、二者は共起することがあると述べている。さらに、"有点儿"は語気を和らげる働きがあり、その小量(少量)の意味は薄くなっているし、また"过""过于"の前に用いられた場合にも同じ役割を果たすことができると指摘している。この指摘は適切だと考えられるが、ただその共起構造に対する説明が不十分であり、もっと詳細に説明する必要もあろう。
　"有点"はマイナス的色彩を含み、好ましくない表現に用いられることが多い。"太""忒""过于""过"は過度を表わし、消極的な評価によく用いられる[56]。"太""忒"はプラス的意味を持つ被修飾語を修飾する時には、いずれも"了"と共起しなくてはならない。しかしながら、"太"

と"式"が共起する場合は、文末に"了"が添加されても、プラス的意味を持つ被修飾語を修飾することはできない。"太""式"はいずれもマイナス的色彩を帯びており、共起構造を構成する時にはそのマイナス的色彩はより一層強化され、積極的な評価には用いにくく、プラス的意味を持つ被修飾語とは関係しなくなる。つまり、両者はいずれも共起構造による拘束を受けており、もとからある修飾の機能はその構造の成立に伴なって失われてしまう。それで、例文(4-24)は表現として非常に不自然だと思われる。

"有点"は"太"と共起すると、両者の程度性は互いに調和されることになり、発話者の婉曲的な嫌悪感を示すことができる。"有点"は少量を表わし、軽い不快感を帯びていることを表わす。一方、"太"はある状態が話者の想定した基準を超えることを表わす。この構造が表わす程度性は大きいが、ただ極端な程度表現だとは言えない。"太"は過度を表わす程度副詞として、被修飾語と直接関係し、この構造の中で決定的な役割を果たすからである。"有点"は、ただ発話者の慎重な態度を表わし、独断的・一方的になることを避け、婉曲的な評価を表わす程度副詞として用いられるのである。

"有点/有些＋太""有点/有些＋式""有点/有些＋过于""有点/有些＋过"という構造は、強い程度を婉曲に強調する表現形式として、主に発話者が想定した客観的な基準で事象を評価し、この事象への個人的な見方を表わすのである。言い換えれば、この種類の構造は客観的な評価を表わす表現形式の一種として用いられる共起構造である。

"太＋有点""式＋有点"という構造は相対的に主観的な表現形式であり、発話者自身の感想・印象・観点、または見方を強調するのに用いられる。たとえ客観的な基準で事象を評価するにしても、個人的な感情を混在させている。たとえば、(4-3)ではこの人のしていることに対し、発話者だけでなく、他の人もそのように評価するという意味を含んでいることが読み取れる。一方、(4-4)ではこの人のしていることに対し、他の

人がどう見ても、発話者本人は評価しないということを意味する。そのために、ここでは主観的な評価を強調し、ただし含蓄ある言い方としてその評価を暗示するのみである。

　A類の程度副詞"極""很""頗""甚""更"は後置的程度副詞としては用いることができない。これらはいずれも過度の意味を表わせないからである。およそ過度の意味を表わせない程度副詞は、後置的程度副詞として用いることはできない。

　ところが、"太""忒""过于""过"は過度の意味を表わすので、"極""很""頗""甚""更"と大きく異なっている。そして、独断的で偏った印象を与えることがないように、発話者は評価内容を抽象的にすることがある。発話者は自分では丁寧な態度を取っていることを表明するため、"有点"の程度性や語気を調和させる必要性と可能性が出てくる。そして"有点"の程度性と語気に助けを借りることになるから、"太""忒""过于""过"は文法的に生起する環境を作り得るのであり、そして"有点"と共起することによって相対的に客観的な表現形式を構成することにもなるのである。

　"太""忒""过于""过"は、"極""很""頗""甚""更"などの程度副詞とは文法的にも意味的にも異なっている。"有点""有些"について言えば、"太""忒""过于""过"は過度を表わすから、それを抽象化する必要性があり、そのためには文法的に承前性と承後性を共に具有することになる[57]。一方、A類の他の程度副詞は過度を表わさないし、それを抽象化する必要性もないため、承後性のみを付与され、承前性は付与されていない。

2.3.　B類の程度副詞＋B類の程度副詞

　この種類の共起構造は小さい程度＋小さい程度という構造である。また、小さい程度＋少量という構造とも言える。これは上述の「A類の程度副詞＋B類の程度副詞」「B類の程度副詞＋A類の程度副詞」という二つ

の共起構造とは異なり、現状に対する発話者の念入りな程度評価を表わすのに用いられる共起構造だが、不満や物足りなさ及び残念な気持ちを表わすこともある。

　前置的程度副詞として用いられるのは、"稍微""略微""多少""稍稍""略略""微微""稍""略"などである。後置的程度副詞として用いられるのは、"有点""有些"などである。両者は共起すると、以下のような形式が構成されている。

　　稍微＋有点／有些＋被修飾語　（少し＋被修飾語）
　　略微＋有点／有些＋被修飾語　（ちょっと＋被修飾語）
　　多少＋有点／有些＋被修飾語　（多少＋被修飾語）
　　稍稍＋有点／有些＋被修飾語　（少々＋被修飾語）
　　略略＋有点／有些＋被修飾語　（いささか＋被修飾語）
　　微微＋有点／有些＋被修飾語　（かすかに＋被修飾語）
　　稍＋有点／有些＋被修飾語　　（やや＋被修飾語）
　　略＋有点／有些＋被修飾語　　（いささか＋被修飾語）

　この共起構造における前置的程度副詞と後置的程度副詞はいずれもB類の程度副詞だが、その接続関係はほぼ固定化されており、両者の語順を逆にすることはできない[58]。そのため、この種類の共起構造はさらに、B1類の程度副詞とB2類の程度副詞とに区別することができる。つまり、"稍微""略微""多少"などの前置的程度副詞はB1類の程度副詞であり、"有点""有些"などの後置的程度副詞はB2類の程度副詞である[59]。この構造の中で、B1類の程度副詞は承後性しか付与されておらず、承前性は認められないのに対し、B2類の程度副詞は承前性だけを付与されており、承後性は認められない。したがって「B2類の程度副詞＋B1類の程度副詞」「B1類の程度副詞＋B1類の程度副詞」「B2類の程度副詞＋B2類の程度副詞」などの形式は成り立たないのである[60]。

(4-27) 我<u>稍稍</u>(稍微／略微／多少／略略／微微／稍／略)<u>有点</u>明白了，为什么劳改农场现在这么积极地搞基建，盖房子，这是在准备迎接新的旅游者。(私は少し分かってきた。なぜ更生農場では今こんなに熱心に基礎建設をし、家を建てているのか。それは新しい観光客を迎えるための準備をしているところだった)(张贤亮〈烦恼就是智慧〉《中篇小说选刊》p.226 人民文学出版社 1994)

(4-28) 他是个头脑<u>稍微</u>(稍稍／略微／多少／略略／微微／稍／略)<u>有点</u>迟钝的人，他并没有将他妹的失踪从那一天算起，却固执地一定要从五年后的一天算起。(彼は頭の働きが少し鈍い人であり、彼は妹のいなくなったことについてはその日からではなく、頑固に五年後のある日から起算するようになっていた)(残雪《黄泥街》p.204 长江文艺出版社 1997)

(4-29) 正这会儿含章看到了哥哥，眼神里像<u>多少</u>(稍微／略微／稍稍／略略／微微／稍／略)<u>有些</u>吃惊。(その時、含章は兄を見かけて、少しばかりびっくりしたような顔をしていた)(张炜《古船》p.70 人民文学出版社 1994)

(4-30) 她内心<u>微微</u>(稍微／略微／稍稍／略略／微微／稍／略)<u>有些</u>激动，因此她脸上露出了笑容。(彼女は少し興奮したけど、笑顔を見せていた)(余华《余华作品集》第二卷 p.134 中国社会科学出版社 1995)

(4-31) 志国半躺在待客厅的沙发上时，想到了多年前的一首诗。无疑他对这些突然冒将出来的词汇<u>略微有些</u>吃惊，只好歪头窥视着那个收银小姐。(志国は応接間のソファーに少し体を傾け

て横になった時、昔の詩を一首思い出していた。彼は突然浮かんできたこれらの言葉に少し驚いて、頭を傾げてそのレジの女の子をただじっと見つめているばかりだった)(张楚〈曲别针〉《2003年中国短篇小说精选》p. 517 长江文艺出版社 2004)

(4-32) 他在席间打了个电话，几分钟后便有鞭炮声劈里啪啦在外边响起，声音<u>略有些</u>远，因而不是太响。(彼は宴の席から電話をした。しばらくして、外で爆竹のパンパン鳴る音がしていたが、その音は少し遠かったので、強くは響かなかった)(杨少衡〈林老板的枪〉《人民文学》2005年第1期 p. 4)

(4-33) 丁一先生见状，脸<u>略略(稍微／略微／多少／稍稍／微微／稍／略)有点</u>红了，木拙了，愧悚了，说，这些是给公司挣钱的，一天我可以刻一百多个。(丁一先生はその様子を見て、少し顔を赤くして、朴訥な感じで恥ずかしそうに言った。「会社のためにお金を稼ぐんだ。私は一日で百個も作れるんだけど」と)(阿成《胡天胡地风骚》p. 178 长江文艺出版社 1996)

　张亚军2002では"稍(微)＋有点儿"という構造について、"有点儿"は小量(少量)を表わし、その前に来る"稍""稍稍""稍微""多少"は発話者の主観的な情態を表わすのに用いられると述べている。また、"多少有点儿""稍微有一点点儿"などの表現形式もあると述べられている(同 p. 161参照)。ただこれらの共起構造に対する説明はあまりなされていない。
　この種類の共起構造に用いられる前置的程度副詞は後置的程度副詞より数が多く、種類も違っている。つまり、B_1類程度副詞の数はB_2類程度副詞を上回っている。"稍微""略微"は書き言葉にも話し言葉にも用いられ、使用頻度が高い。"多少"は鮮明な書き言葉的な色彩を帯びてい

るが、日常会話にも多用されている。"稍稍""略略""微微""稍""略"は典型的な書き言葉として"多少"とは逆に、語気が硬くて、文章にはよく現れるが、日常会話にはあまり用いられない。"稍微""略微""多少""微微"は"有点""有些"と共起しなくては被修飾語を修飾することができず、単独では修飾の機能を果たすことはできない[61]。

　後置的程度副詞は"有点""有些"しかなく、数は少ないものの、承前性は強く、B1類の程度副詞とよく共起する。"有点"は話し言葉としての色彩が著しく、"稍微""略微"と共起しても日常会話に用いられる。この中で、"多少有点"の語気は最も軽く、好ましくない傾向を具有することを表わし、確定的な意味を持たされることはない。"略微有点"は少し硬い感じを与えるものの、断定的な意味を前者より強く強調することができる。"稍微有点"は、語気としては大体"多少有点"と"略微有点"の間に位置するが、意味的には"略微有点"に近い。"稍稍有点""略略有点""微微有点""略有点"などは書き言葉として用いられるという点ではほぼ共通している。意味的には、それらは"稍微有点"と"略微有点"に近いと思われる。しかし、"稍有点"は話し言葉に用いられ、意味的には"稍微有点"に近いが、くだけた感じが強い。"有些"は時には話し言葉にも用いられるが、強いニュアンスを持っているため、"稍微""略微""多少"と共起する時には、書き言葉として用いられるのみである。また、"稍稍""略略""微微""稍""略"と共起する場合にも書き言葉として用いられる。

　この種類の共起構造はマイナス的評価に多用されるが、プラス的評価にも用いられる。ただプラス的意味を有する被修飾語を修飾する時には一定の文法的条件を必要とすることになる。プラス的意味を持つ被修飾語はそれ自体に大きな程度性を含んでいるが、程度副詞どうしが共起構造を作る場合は、単独で使われる時よりさらに程度が小さいことを強調することができる。そのため、両者の程度性は異なっており、互いに矛盾しているのである。

文末に"了"が添加されて変化を表わす時、その程度性ははじめて調和できるものと考えられる。通常、"??稍稍有点明白"という言い方は成立しない。その代わりに、"稍稍有点明白了(少し分かってきた)"のように表現される。"明白(分かる)"はプラス的意味を持つ形容詞であり、それ自体に含まれた程度性は"稍稍有点"の程度性を上回っているため、"了"を添加することによってそれらの程度性を調節する必要があると思われる。この点では、B1類程度副詞はいずれもこの制限を受けている。

"有点""有些"は後置的程度副詞として、その構造の修飾範囲を規定し、前置的程度副詞の用法に対しそれなりの制限を有している。たとえば、前置的程度副詞は形容詞・動詞を修飾する時には、"一点""一些"と共起しなくてならない[62]。しかし、後に"有点"が来る場合は"一点"と共起できなくなる。前置的程度副詞について言えば、"有点"に含まれた量的要素はちょうどその文法上の条件を満たし、それだけに他の量的語句と共起できないのである。一方、"有点""有些"は前置的程度副詞と共起する場合は、単独で使われる時よりその語気はさらに強化され、程度の小さいことを表わす特殊な程度表現として用いられることになる。

2.4. A類の程度副詞＋A類の程度副詞

この種類の共起構造におけるA類の程度副詞は、さらにA1類の程度副詞とA2類の程度副詞とに分類することができる。A1類の程度副詞は"太""忒""过""过于"であり、A2類の程度副詞は"极""很""挺""颇""甚""最""更"などである。前者はいずれも過度を表わす程度副詞であるのに対し、後者は大きな程度や最高の程度や累加の程度などを表わす程度副詞である。過度を表わすA類の程度副詞は互いに共起できるが、大きな程度や最高の程度や累加の程度などを表わすA2類の程度副詞は、相互に共起できず、またA1類の程度副詞とも共起できない[63]。したがって、A類の程度副詞＋A類の程度副詞という構造は正確に言え

ば、

　　Ａ₁類の程度副詞＋Ａ₂類の程度副詞
　　Ａ₂類の程度副詞＋Ａ₁類の程度副詞
　　Ａ₂類の程度副詞＋Ａ₂類の程度副詞

といった構造のいずれでもなく、

　　Ａ₁類の程度副詞＋Ａ₁類の程度副詞

という構造なのである。その構造は過度＋過度という構造とも考えられる。

　張亜军2002は、"还＋更(加)＋ＡＰ"という共起構造を取り上げており、程度副詞"还"と"更"は共起できると述べているが、ただ"还"は多義語であり、この場合は程度副詞として用いられているのかどうかについては慎重に考察する必要がある。筆者の見解を示すと、"还"は程度副詞としての用法を持つが、他の程度副詞と共起する場合は、その程度副詞としての用法というよりも、むしろ予想外の事態に対する気持ちを表わすそのモダリティ副詞としての用法といった方が適切であろう。"还"は"还＋稍微有点""还＋稍稍有点""还＋多少有点""还＋有点太""还＋有些过于"などのように、多様な共起構造に生起することから、その程度副詞としての用法ではなく、モダリティを表わす副詞としての用法なのではないかと思われる。

　"太""忒""过于""过"は、Ａ₁類の程度副詞としては共起できるが、ただその順序は"太＋过于/过""忒＋过于/过"のように規定されており、"过于/过＋太""过于/过＋忒"のように、逆にすることはできない。"太""忒"はそのままでも過度を表わすものの、他の過度を表わす程度副詞と調和できるだけの承後性が付与されている。しかし、承前性は付与さ

れていない。一方、"过于""过"[64)]は過度の意味を端的に強調し、強い
ニュアンスを持っているが、他の過度を表わす程度副詞と調和できる承
後性は付与されておらず、承前性しか付与されていない。四語はそれぞ
れの語意の軽重による文法的な性質が異なっている。それで、A₁類の
程度副詞では前置的程度副詞に用いられる"太""忒"をA₁₁類の程度副
詞と、後置的程度副詞に用いられる"过于""过"をA₁₂類の程度副詞と
呼ぶことができる。

A₁類の程度副詞は以下のような形式を構成することができる。

太＋过于/过＋被修飾語　（余りにも～すぎる）
忒＋过于/过＋被修飾語　（余りにも～すぎる）

"太＋过于/过""忒＋过于/过"という構造は顕著な過度表現として用
いられ、話し言葉にも書き言葉にも現れる。たとえば、

(4-34)　（她）从十八岁起，便被全厂公认为厂花。或许是<u>太过</u>（<u>忒过</u>）
漂亮，加上每天噼里啪啦打算盘，打得脑子也跟算盘一样活
泛，天下男人一个也看不上。(彼女は十八歳の頃から工場で「ミ
ス工場」と呼ばれていた。美しすぎることに加え、毎日そろばん
をぱちぱちはじいていて、頭もそろばんのように機転がきいてい
たのかも知れなかった。しかし、世間の男性は一人も彼女の眼中
にはなかった）(楚荷〈苦木谏树〉《当代》2005年第2期 p.16)

(4-35)　我与成小梅偶一对视，她那双水汪汪的眼睛，使一张<u>太过</u>（<u>忒
过</u>）普通的脸生动了许多。(私は成小梅と目を合わせたのだが、
彼女のぱっちりとした生き生きとした眼はごく平凡な顔立ちの
中に花を添えている感じだった）(南翔〈我的秘书生涯〉《人民文学》
2005年第6期 p.40)

(4-36) 北林抱定这样一个想法，干什么事情都应该有一个过程，不能突兀，不能太过于(或过于)急迫，不能让人一眼看出你心怀鬼胎，居心叵测，更不能让人以为你想趁别人心绪不宁时趁火打劫。(どんなことをやるにも一つのプロセスというものがあり、唐突に始めたり、せっぱつまって始めたりしてはだめだ。あなたが下心を抱いたり、計り知れない悪意を抱いたりしていると人に思わせるのもだめだ。他の人の気持ちが動揺している時につけこんで危害を加えるのではないかと思わせるのはもっとだめだと、北林は考えている)(丁伯刚〈有人将归〉《当代》2005年第3期p.165)

(4-37) 北林越想，越感觉眼前的情形太过于(或过于)奇怪，过于荒唐。(北林は考えれば考えるほど、目の前の様子があまりにも不思議であり、あまりにもでたらめだと思っていた)(丁伯刚〈有人将归〉《当代》2005年第3期p.173)

　一方、A₂類の程度副詞"极""很""挺""颇""甚""最""更"などは、A₁類の程度副詞とA₂類の程度副詞とは共起することができない。即ち"太极好""很更红""颇甚黑""极太好""最极差""更很红""甚颇黑"などの表現は成立しない。A₂類の程度副詞は、それ自体に大きな程度性と強い排他性を内包しているため、互いに矛盾し、調和する余地がないからである。「B類の程度副詞＋B類の程度副詞」「A₁類の程度副詞＋A₁類の程度副詞」は、いずれも相互補完的な性格を持っている。「A類の程度副詞＋B類の程度副詞」「B類の程度副詞＋A類の程度副詞」は互いに受け入れることができて、互いに調和することができる。そして、A₂類の程度副詞は高い程度性を表わし、そのままで被修飾語を修飾できるだけの機能を持っているので、B類の程度副詞とは異なっている。

このように、"太＋过于/过""忒＋过于/过"は顕著な過度表現に用いられ、話者の主張を強調した言い方として考えられる。

2.5. 文法的特徴

程度副詞は共起することによって複合的な修飾構造を作ることになるが、修飾の対象や範囲はその修飾構造の種類によって違ってくる。

「A類の程度副詞＋B類の程度副詞」という構造の場合、修飾の対象はB類の程度副詞によって選別されることになる。たとえば、"颇"だけでは"??颇沾沾自喜"のように、"沾沾自喜"を直接修飾できないものの、"有点"と共起すれば、"我颇有点沾沾自喜（私自身は一人で非常に悦に入っていた）"のように、"沾沾自喜"を修飾することができるようになる。"有点"を介して"沾沾自喜"に関わるからと思われる。一方、"很"は動作・行為を表わす動詞を修飾することができるが、しかし、"有点""有些"と共起すると、動作・行為を捉えることができなくなる。これは共起構造におけるB類の程度副詞が直接被修飾語に関わるからである。

「B類の程度副詞＋A類の程度副詞」の場合は、修飾の対象はA類の程度副詞によって選別されることになる。すなわち、修飾の対象は、"太""忒""过于""过"によって決められる構造になっている。直接被修飾語に関わるのがA類の程度副詞であり、B類の程度副詞はただ間接的に被修飾語に関わるだけである。場合によっては好ましい事象を表わすことのできる"太""忒"であっても、この場合は好ましい事象を表わせなくなり、もっぱら好ましくない事象を表わすのに用いられる。この点は共起構造によって意味的に制限されているものと考えられる。

「B類の程度副詞＋B類の程度副詞」の場合は、「A類の程度副詞＋B類の程度副詞」とは程度性は逆になっているが、"有点""有些"によって修飾の対象を選別されるという点では共通している。たとえば、"稍微""略微""多少""稍稍"などはいずれも動作・行為を修飾し、しかも制御性をも有しているが、"有点""有些"と共起する時には、そういった文法

的機能は果たせなくて、描写性の強い共起構造を成すことになる。

　一方、「A類の程度副詞＋A類の程度副詞」の場合は、過度を表わす程度副詞との共起なので、修飾の対象はあまり変わらない。ただ"太"は、過度を表わす用法と程度が高いことを表わす用法を持っているが、この場合は"过于""过"と共起し、過度を表わす共起構造を成しているので、程度が高いことを表わすという用法には用いられない。このように修飾の対象は後置的程度副詞によって選別され、その共起構造の修飾範囲は後置的程度副詞によって規定されることになる。

　「A類の程度副詞＋B類の程度副詞」と「B類の程度副詞＋A類の程度副詞」は、順序こそ異なれ、程度性と量性の共起によるものであり、文法上の独立性と調和性の両方を持っていると見られる。そして「B類の程度副詞＋B類の程度副詞」におけるB_2類の程度副詞も同じだが、しかし、B_1類の程度副詞は構文上の独立性が認められないため、量性を表わす副詞や量的語句に依存することになる。「A類の程度副詞＋A類の程度副詞」は過度を表わす程度副詞どうしによる共起であり、過度を強調するための表現形式と言える。

　この四種類の共起構造は状態や事象などへの評価を表わし、いずれも強い描写性を持っているという点では全く共通している。

3.　まとめ

　程度副詞の共起の目的は二つの全く異なった程度性、あるいは二つの近似した程度性を調節し、発話者の程度評価への慎重性・多様性及び発話者の希望する修辞的効果を求めることにある。

　「A類の程度副詞＋B類の程度副詞」という構造は、発話者の相対的に主観的な程度評価形式として、主に婉曲的な程度表現に用いられるが、「B_2類の程度副詞＋A類の程度副詞」という構造は発話者の相対的に客観的な程度評価形式として、冷静な程度表現に使われる。「B_1類の程度

副詞＋B2類の程度副詞」という構造は、発話者の慎重な程度評価形式として、微小な程度表現に用いられる。「A11類の程度副詞＋A12類の程度副詞」という構造は、発話者の顕著な過度評価形式として、不平・不満足な程度表現に多用される。

　B2類の程度副詞とA11類の程度副詞は、程度性と量性を有しているため、承前性と承後性を共に付与されており、様々な程度副詞と共起し、各種の異なった意味と微妙な語感を表わすことができる。A12類の程度副詞とA2類の程度副詞とB1類の程度副詞は、程度性だけが付与され、量性は付与されていないため、承前性は付与されておらず、決まった文法的構造に用いられるのみである。

第四章　修飾語どうしの共起による複合的修飾　153

属性 程度副詞	前置性	後置性	話し言葉	書き言葉	主観的評価	客観的評価	過度評価	程度性	量性
太	○	○	○	△	○	○	○	○	×
忒	○	○	○	×	○	○	○	○	×
过	×	○	○	○	○	○	○	○	×
过于	×	○	○	○	○	○	○	○	×
极	○	×	×	×	○	×	×	○	×
极其	×	×	×	×	×	×	×	×	×
极为	×	×	×	×	×	×	×	×	×
颇	○	×	×	×	○	×	×	○	×
颇为	×	×	×	×	×	×	×	×	×
非常	×	×	×	×	×	×	×	×	×
异常	×	×	×	×	×	×	×	×	×
十分	×	×	×	×	×	×	×	×	×
万分	×	×	×	×	×	×	×	×	×
相当	×	×	×	×	×	×	×	×	×
特别	×	×	×	×	×	×	×	×	×
甚	○	×	×	○	○	○	×	○	×
甚为	×	×	×	×	×	×	×	×	×
很	○	×	○	×	×	×	×	○	×
好	×	×	×	×	×	×	×	×	×
蛮	×	×	×	×	×	×	×	×	×
怪	×	×	×	×	×	×	×	×	×
挺	×	×	×	×	×	×	×	×	×
有点	○	○	○	○	○	○	×	×	○

有些	○	○	○	○	○	○	○	×	○
最	○	×	×	○	○	×	×	×	×
顶	○	×	○	×	○	×	×	○	×
更	○	×	○	○	○	×	×	○	×
更加	×	×	×	×	×	×	×	×	×
更其	×	×	×	×	×	×	×	×	×
更为	×	×	×	×	×	×	×	×	×
比较	×	×	×	×	×	×	×	×	×
较	×	×	×	×	×	×	×	×	×
较为	×	×	×	×	×	×	×	×	×
较比	×	×	×	×	×	×	×	×	×
格外	×	×	×	×	×	×	×	×	×
尤其	×	×	×	×	×	×	×	×	×
还	○	×	○	○	○	×	×	○	×
再	×	×	×	×	×	×	×	×	×
稍微	○	×	○	○	○	○	×	○	×
略微	○	×	○	○	○	○	×	○	×
多少	○	×	○	○	○	○	×	○	×
稍	○	×	○	○	○	○	×	○	×
稍稍	○	×	×	○	○	○	×	○	×
稍为	○	×	×	○	○	○	×	○	×
稍许	○	×	×	○	○	○	×	○	×
略	○	×	×	○	○	○	×	○	×
略略	○	×	×	○	○	○	×	○	×
微微	○	×	×	○	○	○	×	○	×
些微	○	×	×	○	○	○	×	○	×

第五章
被修飾語への後置的修飾

1. 概観

1.1. はじめに

　中国語では周知の通り、程度副詞は主に連用修飾語（状語）として用いられ、形容詞や一部の動詞・助動詞などを修飾し、状態の程度性を表わす。程度副詞は原則的には被修飾語の前に用いられるが、しかし、場合によっては被修飾語の後にも用いられる。

　たとえば、"很""极""非常""异常""无比"などは"多(多い)""大(大きい)""激动(感動する)""兴奋(興奮する)""孝顺(親孝行する)""生动(生き生きとする)"などを修飾する時には、

　　(5-1)　车上人很多，人们带的东西<u>很</u>乱。(汽車には人がとても多く、荷物もひどく雑然と置かれていた)(铁凝《铁凝文集》第三卷 p.384 江苏文艺出版社 1996)

　　(5-2)　他表示了<u>极</u>大的惋惜，自觉不自觉地进入了那场回忆的场景。(彼は痛惜の念を表わし、知らず知らずのうちにあの時の出来事を回想していたのだった)(张炜《如花似玉的原野》p.14 人民文学出版社 1995)

(5-3) 在天高气爽的秋季，那一个新生进校的场面，一定是<u>非常</u>激动人心。(空が高く爽やかな秋の日に、新入生がキャンパスに入ってくるその風景は、きっと人の心をときめかすものだろう)(王安忆《漂泊的语言》p.62 作家出版社 1996)

(5-4) 这声音使他<u>异常</u>兴奋。(その声は彼を非常に興奮させていた)(余华《余华作品集》第一卷 p.146 中国社会科学出版社 1995)

(5-5) 三个儿子儿媳为了得到那'宝贝'，忽然变得<u>无比</u>孝顺。(三人の息子と嫁はその「宝」を手に入れるために、非常に親孝行な人に突然変わってしまった)(莫言《岁月情殇》p.202 云南人民出版社 2001)

のように、いずれもそれらの直前に用いることができる。また、

(5-6) 我最近搞联谊活动，和企业接触比较多，发觉花样经多得<u>很</u>呢！(私は最近親睦会を開いて、企業どうしの接触が非常に多くなり、あれこれ策を弄することがとても多くなっていることに気付いたよ)(赵长天〈书生〉《中篇小说选刊》p.47 人民文学出版社 1992)

(5-7) 胖子三十多岁，酒量大<u>极了</u>。(でぶは三十歳過ぎで、お酒には非常に強い)(张炜《如花似玉的原野》p.206 人民文学出版社 1995)

(5-8) 李其生这个夜晚激动<u>非常</u>，竟然久久不愿离去。(李其生はこの夜興奮しすぎて中々帰ろうともしなかった)(张炜《古船》p.144 人民文学出版社 1994)

(5-9) 女孩兴奋<u>异常</u>，不停地说：喝呀喝呀！(「飲んでください、飲んでください！」と女の子は非常に興奮して言い続けていた)(王安忆

《米尼》p.223 作家出版社 1996)

(5-10) 狼也仪表堂堂，勤奋并且勇敢。黄鼬主要捕鼠，而且一张小脸生动无比，圆圆的大眼美丽绝伦。（オオカミも格好がよく、勤勉且つ勇敢だ。イタチはおもにネズミを捕り、しかもその小さな顔は非常に生き生きとしており、丸い大きな目は美しくて他に類がない）(张炜《运行之嘱》p.303 长江文艺出版社 1997)

などのように、その後に来ることもできる。つまり、修飾語として同一被修飾語に対し、前置的にも後置的にも修飾の機能を果たすことができる。

　本章では(5-1)〜(5-5)のように被修飾語の前に用いられる用法を程度副詞の前置的修飾と呼び、そして(5-6)〜(5-10)のようにその後に来る用法を程度副詞の後置的修飾と呼ぶこととする [65]。前置的用法は「修飾語＋被修飾語」のように構成されるのに対し、後置的用法は「被修飾語＋修飾語」のように構成される。

　本章ではこの程度副詞の後置的修飾の用法について、従来の研究を踏まえながら、考察することとする [66]。なお、後置的修飾の用法について述べる際には、その前置的修飾の用法についても一部説明を加えている。

1.2. 先行研究

《现代汉语虚词例释》1982、朱德熙 1982・1997、吕叔湘主编《现代汉语八百词》1984、《现代汉语虚词用法小词典》1984、黄伯荣・廖序东主编《现代汉语》1985・1987、刘月华 1989、《现代汉语副词分类实用词典》1989、史有为 1994 などでは、いずれも後置的用法を持つ程度副詞として"很""极"しか挙げていない [67]。

岳俊发 1984 では、副詞が補語に立つ用法は宋（西暦紀元 960-1279＝引用者注）の時代からあり、以降各時代において見られるが、その用法自体は

あまり普遍的ではなかったし、また補語に立つ副詞は"甚""很""極""非常"など少数の、程度が大変高いことを表わす副詞に限られていると記述している。ただし、程度の高いことを表わす副詞に限られているその理由に関しては述べられていない[68]。

後置的修飾の意味については、呂叔湘《中国文法要略》1956・1982、黄盛璋〈談程度副詞〉1957では、程度副詞が後置的に使われる場合は、前置的修飾に使われる場合より高い程度性を表わすと述べてはいるが、しかし、なぜ後置的用法が前置的用法より高い程度性を示すことができるのか、その理由についても述べる必要があろう。

史有為1994では"好極了(素晴らしい)""極好(極めて良い)"と"好得很(ものすごく良い)""很好(とても良い)"について、シンタックスの機能をめぐって考察している。"極好""很好"は述語・連体修飾語・連用修飾語などに用いられるのに対し、"好極了""好得很"は、連体修飾語・連用修飾語には立つことはなく、述語にしか用いられないため、文を結ぶという働きを持つと述べている。この論述は"極""很"の前置的修飾と後置的修飾の違いを認識するには非常に有益であるが、しかし、"好極了""好得很"が連体修飾語(定語)には立たないという記述は不適切だと思われる。

杉村博文1999は「形容詞と程度」において、形容詞の意味を強調するという視野から、程度副詞が後ろに用いられると述べている。

張亜軍2002では後置的修飾の用法を持つ程度副詞として、"極""很""非常""万分(極めて)""絶頂(極めて)"については取り上げているものの、ただ諸語の後置的修飾の用法については触れているだけであり、系統的には考察していない。また、"无比""异常"についても取り上げていない(同p.132、180参照)。

1.3. 本章の課題

本章では以下の課題について考察する。

一、どの種類の程度副詞が後置的修飾の用法を具備し、どのような程度性を示すのか。そして、どの種類の程度副詞が後置的修飾の用法を具備していないのか。それはなぜなのか。

二、後置的修飾の機能はなぜ一部の副詞に集中しているのか、また後置的修飾に用いられる際には、それぞれどのような共起制限を受け、使用範囲と文法的性格は前置的修飾の場合とはどのように異なるのか。

三、後置的修飾の用法は程度表現体系の中でどのような役割を果たすのか。どのように位置付けるべきなのか。

2. 分析

2.1. 後置的用法の分布

後置的修飾の用法を持つ程度副詞は、"很""极""非常""异常""无比""万分""绝顶"などのように、主として非特定的比較を表わす、ごく少数の程度副詞に限られる。その他の非特定的比較を表わす程度副詞は、このような後置的修飾の機能が付与されていない。また、特定的な比較を表わす程度副詞にも、特定的比較と非特定的比較を共に表わす程度副詞にも、この働きを有する程度副詞が分布されていない[69]。

たとえば、

(5-11) *山多得{十分／相当／太}。

(5-12) *酒量大{更／还／比较／最／顶}。

(5-13) *这个夜晚激动{稍微／略微／多少}有点。

においては、非特定的比較を表わす"十分""相当""太"と、特定的比

較を表わす"更""还""比较""最""顶"と、非特定的比較と特定的比較を表わす"稍微""略微""多少""有点"などはいずれも共起することができない[70]。

"十分""相当"は、程度副詞としての用法の他、数量詞や形容詞・動詞としての用法も持っている。文中における位置によって、その意味と用法が違ってくる。また、それぞれの用法はその品詞の文法的属性により決められてしまい、いずれも使用環境の確保を必要とすると思われる。そうでなければ、品詞の各々の側面は互いに作用し、意味表現上、混乱を招きかねない。一方、"太"は構文上、"了"と共起することによって、「太+被修飾語+了」という構造を構成し、その構造の中間部に来る被修飾語を修飾することになる。その構造に拘束されるため、被修飾語の後に用いることができない。それで、後置的修飾の用法が付与されていないのだと考えられる。特定的比較を表わす"更""还""比较""最""顶"などは、特定的な程度表現を担っており、比較構文にも使われたり、"一点""一些"などの量的語句とも共起したりするので、いずれも文法的構造の制限を受けており、被修飾語については、後から修飾することができない。また、同様な理由により非特定的比較と特定的比較を共に表わす"稍微""略微""多少""有点"などにも、後置的修飾の機能が付与されていない。

それらに対して、"很""极""非常""异常"は、他に動詞・形容詞としての用法を持つ語もあるものの、程度副詞としての文法的機能も確立しているので、被修飾語の後に来ても、その動詞的側面・形容詞的側面によっては影響されない。そのため、同一被修飾語に対し、前置的にも後置的にも修飾することができる。たとえば、"非常""异常""无比""万分""绝顶"はそのままで後置的修飾ができる。そして"很""极"はそれぞれ"得""了"と共起すれば、後置的修飾に用いられる。"非常""异常"は文字通りに「普通と違う」という意味を強調し、"无比""万分""绝顶"はいずれもこの上もない程度性を表わす。これらの程度副詞は主と

して語順に従って被修飾語との位置転換により、後置的修飾の用法を成すが、"很""极"は語順に従うばかりでなく、さらに助詞にも助けを借りなくてはならない。

　これらの程度副詞は共起条件が異なり、文体の差も程度の差も著しいものの、いずれも前置的修飾の用法と後置的修飾の用法を備えているため、同じグループにまとめられる。

　そして、非特定的比較を表わす程度副詞に後置的修飾の用法を持つ語が多いことの理由としては、次の三点が挙げられる。

　第一には、非特定的な程度表現を担う"很""极""非常""异常""无比""万分""绝顶"の七語は、構文上比較的単純であり、文法的構造に拘束されるようなことはない。

　第二には、これらの程度副詞はそれぞれ程度性や文体の性格が異なっており、それぞれ異なった程度性や文体などを表現することができる。それで、様々な程度表現や文体の違いを強調する場合にも必要だと考えられる。

　第三には、特定的比較を表わす程度副詞と、非特定的比較と特定的比較を共に表わす程度副詞におけるような不可欠な共起語句(たとえば、"一点""一些")などについては、非特定的比較を表わす程度副詞は必要としないのである。

　この三つの理由があるため、非特定的比較を表わす程度副詞には後置的修飾の機能が付与されているわけである。

　そして、前置的修飾の場合と後置的修飾の場合とは、どのような程度性が異なるのか。以下のように比べてみれば分かる。

前置的修飾

　　车上人<u>很</u>多。(車には人がとてもたくさん乗っている)
　　他表示了<u>极</u>大的惋惜。(彼は大いに同情する気持ちを表明していた)
　　李其生这个夜晚<u>非常</u>激动。(李其生はこの夜非常に感動していた)

这声音使他异常兴奋。(この声は彼を異常に興奮させていた)
一张小脸无比生动。(その小さな顔は非常に生き生きとしている)
她自己也被这奇迹般的响声弄得万分感动。(彼女自身もこの奇跡的な音に非常に感動していた)
这个人绝顶聪明。(この人は非常に聡明だ)

後置的修飾

山多得很。(山がたくさんある)
酒量大极了。(非常に酒に強い)
李其生这个夜晚激动非常。(李其生はこの夜ものすごく感動していた)
女孩兴奋异常。(女の子は異常に興奮していた)
一张小脸生动无比。(その小さな顔は非常に生き生きとしている)
她自己也被这奇迹般的响声弄得感动万分。(彼女自身もこの奇跡的な音に非常に感動していた)
这个人聪明绝顶。(この人は非常に聡明だ)

この中においては、いずれも前置的修飾の用法より、後置的修飾のほうがさらに高い程度性を表わしていると見られる。つまり、後置的修飾の場合は、前置的修飾の場合と比べれば、その程度性をより一層強調することができる[71]。このように、まったく同じ修飾語と同じ被修飾語とはいえ、語順によって表わす程度性は違っている。

たとえば、"车上人很多"は車には人がとてもたくさん乗っているという意味だが、"山多得很"は山が数え切れないほどたくさんあることを示唆し、その多さの程度が一通りではないということを端的に強調することができる。後置的修飾の用法は一定の文法的制限を受けるが、前置的修飾の用法より更なる程度性を強調し、更なる程度表現を加えるということにその意義があるものと思われる。言い換えれば、後置的修飾の用法は前置的修飾の用法の不足を補って、程度表現を多様化させる上に、

その表現の一翼を担うことになると言える。
　一方、被修飾語に立つ形容詞"多""大""興奮"と動詞"激动"は、"很""极""非常""异常"などによって前置的にも後置的にも修飾されることから、程度修飾を受けられる点では前後とも開放的だと言える[72]。これらの形容詞・動詞は通常被修飾語として、修飾語の直後に来て程度修飾を受けるのが原則である。そのすべては、程度修飾の他に、

　　(5-14)　问题暂时多一点。(問題が今のところ多い)

　　(5-15)　他们俩年龄都大。(彼らはみな年がいっている)

　　(5-16)　她突然激动了。(彼女は突然興奮した)

　　(5-17)　这个房间多大啊！(なんと広い部屋だろう)

　　(5-18)　这个房间不大。(この部屋は広くない)

のように、時間・範囲・状態・語気・否定などを示す語句によっても修飾されるので、副詞による修飾を受け入れるのに非常に広い幅を持っていると思われる。それに対し、その後部は、

　　(5-19)　*问题多暂时一点。

　　(5-20)　*他们俩年龄大都。

　　(5-21)　*她激动突然了。

　　(5-22)　*这个房间大多啊！

(5-23)　*这个房间大不。

などのように、時間・範囲・状態・語気・否定などを示す語句を一切受けられないため、前部とは比較にならないほど幅が狭く、程度修飾しか受容されないのである。そして、その前部と後部はいずれも程度修飾の受容領域があり、両方とも承前性と承後性を持っている。ただ両者には共通した受容領域が持たれていないだけである。非特定的比較を表わす他の程度副詞とも特定的比較を表わす程度副詞とも、非特定的比較と特定的比較を共に表わす程度副詞とも共起できないことから、動詞・形容詞の後部は開放的ではあるものの、あまり受容領域が持たれていないと言えよう。

2.2. 後置的用法の共起制限

2.2.1. "很" "极"

前述したように、"很" "极"は後置的修飾にあたって、それぞれ共起制限を伴っている。その共起語句はそれなりに決められており、互いを置き換えることができない。たとえば、

(5-24)　*生意经多得{极／非常／异常}。

(5-25)　*酒量大{很／非常／异常}。

(5-26)　*李其生这个夜晚激动{很／极}。

(5-27)　*女孩兴奋{很／极}。

"很"は補語を示す助詞"得"と共起しなくてはならない。"得"は"山

多得很"のように"山多"と"很"を結び付けるための不可欠な共起語句であり、"很"の後置的修飾時の文法的関係を示す重要な目印となっている。(5-26)(5-27)のように"得"が共起しなければ、"很"は後置的修飾には用いられない。

　文体的にいうと、"很"は前置的修飾の時には、話し言葉にも書き言葉にも普通に用いられる。この点においては、その後置的修飾の用法についても同じことが言える。ただくだけた感じはそれよりずっと強い。一方、"很"は助詞"得"を伴わなければ、単独に"了"と共起することができない。

　"极"は、極点に達するという意味を示すため、意味的内容は"很"よりさらに強く、程度性もそれより高い。前置的修飾の場合は、"山极多了(山が非常にたくさんあった)""酒量极大了(酒量が非常に多かった)"などのように、"了"とは共起するものの、欠かせない文法的要素ではない。一方、後置的修飾の場合は、現代中国語において、"了"と共起して"极了"という形でもって、その前にくる動詞・形容詞などを修飾することが多い。その構造は「動詞/形容詞＋极了」のようになっており、"极了"は被修飾語となる動詞・形容詞を後部から修飾するという仕組みになっている。その中にニュアンスを示す"了"が入るために、構造全体は、くだけた雰囲気が非常に強く、それで話し言葉に多用されている。"极了"は書き言葉にも使われるが、ただその場合もくだけた感じを受け、前置的修飾の用法におけるような硬い語感とは正反対である。

　ところが、後置的修飾の場合は"极了"における"了"が省略されて、"极"だけが用いられることがある。

　たとえば、

(5-28)　我的一个同事夏小英总是说冒这种险反而是种刺激，飞车惯了，有瘾头，车越跑得快，越想试着"飞上去"，感觉好极。(私の同僚の夏小英さんは、このような冒険が逆に刺激となって、しか

もそれに慣れてしまうと、癖になってしまう。走っているうちに速くなって、「飛び上がってみたくなる」から、気分がいいとよく言っている)(方方〈一波三折〉《中篇小说选》第二辑 p.470 人民文学出版社 1993)

(5-29) 不久，史学牙会长迁走了，据说是由于他在学会的贡献，地位与住房标准都提高了。<u>好极好极</u>。(やがて史学牙会長は引っ越してしまった。噂では彼の学会での貢献が認められ、そのため地位と住居の基準が高くなったということだ。それはとても結構なことだった)(王蒙〈选择的历程〉《坚硬的稀粥》p.94 长江文艺出版社 1992)

(5-30) 当他把那幅精心包裹着的东西交到了张教授手里时，张教授竟老泪纵横，连连说："<u>好极，好极</u>！"（彼が念入りに包んであったものを張教授に手渡した時、張教授は思わず涙を流しながら、「よかった、よかった！」と何度も何度も言っていた)(梅卓〈唐长〉《人民文学》2000 年第 7 期 p.73)

において、"了"は省略されたが、"极"は後部から"好"という形容詞を修飾していることは間違いない。このような場合は"极了"の場合と異なって、文体的には相当硬くなる。"极"は程度副詞としての用法以外にその他の用法も多く持たれているから、場合によっては"了"がなくても、後置的修飾に用いることができる。ただこの時には文語的性格の強い表現になり、共通語の性格に欠け、中国の一部地域で用いられている方言に近くなっている。

また、"极"は一音節語だから、"好"という一音節語とは結び付きやすいが、"高兴""愉快"のような二音節語とは音節的均衡が取れてないため、"*高兴极""*愉快极"などのように、共起することができない。

従って、"极"だけでは使用領域が限定され、共起範囲は非常に狭いと言える。この点においてもその前置的用法[73]とは対照的である。さらに、この場合は、"好极"は"极好"より語感が硬い。これは"好极了"において"了"が語気を示して構造全体にくだけた感じを与えることになるからである。

2.2.2. 連体修飾構造における場合

　史有为1994によれば、"好极了""好得很"は、述語と状態補語(本研究でいう後置的修飾の用法)にはなれるが、連体修飾語・連用修飾語にはなれないということである。しかし、連体修飾語になれないという結論は、慎重に検討する必要がある。また、同氏は"好得很"と"好极了"は、センテンスを結ぶ機能を持っており、ここまでが一つのセンテンス、あるいは短い文だということを指し示すことができると述べている。この指摘も不適切だと思われる。実際には、"好极了""好得很"は確かにそのままの形で文を結ぶことが多いとは言えようが、しかし、この用法は話し言葉に限られ、書き言葉には当てはまらないのではないかと考えられる。たとえば、

(5-31)　一进热闹极了的街口，丁一先生买了两双筷子，递给我一双，说："不要丢啰，要吃几个地方呐。"（とても賑やかな通りの入り口に入ると、丁一さんは竹の箸を二膳買い、その中の一膳を私に渡して、「なくさないように。ここでは歩きながら食べるからね」と言う）(阿成《胡天胡地风骚》p.181 长江文艺出版社 1996)

(5-32)　她装作饿极了的样子，自顾低头吃包子，不再理睬她们，但是她却能感觉到他们的目光从不同角度盯视在她身上。（彼女は餓死寸前の様子になっていて、頭を下げたままひたすら肉まんを食べ、彼女達の方を見向きもしなかったが、彼らが別な角度か

ら彼女の方に視線を向けていることは感じていた)(梁晓声《雪城(下)》p.517 北京出版社・北京十月文艺出版社 1996)

(5-33) 他们喘气的声音越来越大，身子里好像有一个吹气筒。人在渴极了的时候才会这么喘气。(彼らの呼吸の音がだんだん大きくなり、まるで体の中に空気入れがあるようだった。人間は渇き切った時に初めてこんな呼吸をするのだ)(梁晓声《雪城(下)》p.517 北京出版社・北京十月文艺出版社 1996)

(5-34) 当那草垛临近村口的时候，人们才发现下边有一个小小的人头，一张乏极了的小脸，那便是二姐，正是二姐的细麻秆腿支撑着那个大草垛！(その藁ぐまが村の出入り口に近づいた時、人々は初めてその下に小さな人の頭があるのに気付いた。非常に疲れたような小さな顔だった。その人が二番目のお姉さんだった。二番目のお姉さんの細い麻の茎くらいの足こそがその大きな藁ぐまを支えていたのだった)(李佩甫〈黑蜻蜓〉《中国当代作家选集丛书・李佩甫》p.115 人民文学出版社 1996)

(5-35) (求爱)古今中外，老一套，基本上不曾改变过的。乃是俗得很的方式方法。(求愛の方法は昔も今もそして中国でも外国でも一般的にいって、基本的には変わることはない。どこにでもあるごくありきたりのやり方だ)(梁晓声《凝视九七》p.25 陕西旅游・经济日报出版社 1997)

のように、連体修飾語に立つ用例もしばしば見られる。筆者の考察では、会話の場合において"极了"は、プロミネンスなどの要素により文を結ぶ力が強く、そのままで終止することになるのではないかと考える。

だが、書き言葉に用いられると、被修飾語と共に一つのまとまった意

味のあるフレーズを構成して、客観的状態の描写によく馴染むから、連体修飾語にも立つことができる。この場合は、くだけた感じはやや受けるものの、会話文におけるような、情緒的雰囲気がないので、場面や感情に左右されるようなことはない。程度表現の一種類として極端な程度性を示し、連体修飾語にも用いられるのである。

しかし、史氏はこの事実を認めないどころか、さらに、通常程度副詞が被修飾語の後にきた場合[74]は、その前に来る用法[75]と違って、後部[76]に対する修飾の機能を果たせなくなるので、この観点から見ると、たとえ"了"と共起しなくても、連体修飾語には用いられることはないということが分かると述べている。この指摘は非常に説得力に欠けるように思われる。実際には"了"がない時には、被修飾語との結びつきがよく、切れ目がないため、連体修飾語には立ちやすく、"了"がある時よりも共起しやすくなると考える。たとえば、

(5-36)　盧小波没有一个<u>铁极</u>的朋友叫金苟，金苟给我的印象则是一个无恶不作的坏蛋，站里所有的坏事以及恶作剧几乎统统由他操纵。(盧小波には金苟という非常に親密な友人がいるが、私の印象では金苟は悪いことをなんでもする悪党であり、勤め先での悪事やいたずらなどはすべて彼らに操られていたのだ)(方方〈一波三折〉《中篇小説选》p.468 人民文学出版社 1993)

(5-37)　<u>骇极</u>的恩特拿出当年门前一脚功夫，一脚踢向酒糖蜜的手腕。(すっかり驚いてしまった恩特は以前に習った武術を生かし、酒糖蜜の腕に足を一発食らわした)(王蒙《坚硬的稀粥》p.163 长江文艺出版社 1992)

では、"铁极""骇极"はそれぞれ結び付きのよいフレーズとして、助詞"的"を介して"朋友""恩特"を修飾しているものと思われる。連用修

飾語として使えるかどうかは"了"の有無によるのではなく、話し言葉か書き言葉かという文体によって決められる。この点に関しては、氏の論は言語事実から外れていると言わざるを得ない。

2.2.3. "非常""异常""无比""万分""绝顶"

"非常""异常""无比""万分""绝顶"は現代語における二音節語の修飾語として、"热闹""喜悦""快乐""激动"などのような二音節語と結び付きやすい。そして"很""极"などとは異なって、"非常""异常""无比""万分""绝顶"は"得""了"などの助詞に依存せず、主として語順によって修飾の機能を果たすことになる。よって、二音節語とはバランスがよくとれ、修飾語と被修飾語との音節的リズムが整えられる。前置的修飾の場合は話し言葉にも書き言葉にも用いられ、あまり文体には拘ることはない。後置的修飾の場合は、程度性が強調される一方、表現も硬くなるため、文章語として多用されるが、日常会話などではほとんど用いられない。

(5-38) 更为恶劣的是，他们是那些仇视艺术者的天然盟友，内外勾结，险恶非常。(さらに悪いことは、彼らは芸術者を敵視する生まれながらの盟友であり、外部と結託し、非常に陰険だということである)(张炜《远行之嘱》p.227 长江文艺出版社 1997)

(5-39) 她镇定非常，最后用一句话使母亲止住了哭声。"不用哭了，你跟上这个男人过日子，就得做好准备——你该早有这个心劲儿。"(彼女は非常に沈着であり、最後の一言で母の泣き声を止めることができた。「泣いてはだめよ。この男と生活する以上、そのつもりでないといけないという心構えが必要なの」)(张炜《远行之嘱》p.94 长江文艺出版社 1997)

(5-40)　高勇却来势凶猛，他在刹那间高昂起了头，紧皱着眉，脸相痛苦<u>异常</u>，酷似一匹暴烈的野马。(高勇はすさまじい勢いだった。彼はその瞬間頭を挙げ、眉間にしわをよせ、非常に辛そうな顔をしていて、それはまるで一匹の荒々しい馬のようだった)(池莉《水与火的缠绵》p.128 华艺出版社 2002)

(5-41)　啄木鸟、黄鹂以及其他叫不上名字的鸟儿，承受不了寂静和阳光的刺激，兴奋<u>异常</u>地在枝柯间飞翔，色彩斑斓，像飞动的花朵。(キツツキ、コウライウグイスやその他名前の分からぬ鳥が静寂と日光の刺激に堪えられなくなって、非常に興奮した様子で枝の間を飛び回り、それは彩り豊かで美しく、飛ぶ花のようだった)(莫言《岁月情殇》p.298 云南人民出版社 2001)

(5-42)　那个地方都没法呆了，他们不得不把胖子抬到另一边去。一路上他挣扎着，用粗腿蹬我们，暴躁<u>无比</u>。(このところにはおいておけなくなったので、彼らはでぶを別なところに運んで行かざるを得なくなった。その途中、彼はもがき、私達を太い足でけとばすようにして、あばれまわっていた)(张炜《远行之嘱》p.94 长江文艺出版社 1997)

(5-43)　她在他身上找到的不仅是肉欲，而是美好<u>无比</u>的天堂和终极的幸福。(彼女が彼の体から見出したのは肉欲だけでなく、非常に素晴らしい天国と究極の幸福であった)(莫言《岁月情殇》p.302 云南人民出版社 2001)

(5-44)　第三次走进这个人的家，站在屋角上，她分明听见小石头"哒哒哒---"地从她后脑勺那儿往下掉，她自己也被这奇迹般的响声弄得感动<u>万分</u>，几乎掉下了眼泪。(三回目にこの人の家に

やってきて、部屋の隅に立つと、彼女は小さな石ころが彼女の頭の上から落ちてくるのをはっきり聞き取れた。彼女自身は涙をこぼすほど、この奇跡的な音に非常に感動した）(残雪《黄泥街》p.330 长江文艺出版社 1997)

(5-45)　他的眼睛没有神采，可是我从日常接触中发觉，处长是个聪明<u>绝顶</u>的人。(彼の目には色つやがなかったけれど、私は日常の付き合いの中から所長は非常に聡明な人だと気付いていた)(张炜《远行之嘱》p.232 长江文艺出版社 1997)

(5-46)　我对小吴有些了解，这人聪明<u>绝顶</u>，心眼挺多，却也比较滑头，～。(私は呉さんのことはある程度知っていた。この人は非常に聡明で頭の回転が速いが、でもずる賢いところがあった)(杨少衡〈钓鱼过程〉《人民文学》2000年第7期 p.6)

"非常""异常""无比""万分""绝顶"は、後置的修飾の際には、"??山多{非常/异常/无比/万分/绝顶}"のように一音節語とは共起しにくい。この場合は、音節上の不均衡によることが明らかである。

(5-47)　外面冷得<u>非常</u>(异常/无比/*万分/*绝顶)，这一天大约是旧历的初八九的样子。(外は突拍子もない寒さだった。この日はおよそ旧暦の八日、九日頃の寒さの感じのようだった)(郁达夫《沉沦》)

においては、"非常""异常""无比"は、助詞"得"の助けを借りて"冷"という一音節語を修飾しているというよりも、"非常"はただ補語として用いられているといったほうが適切であろう。"非常""异常""无比"は文字通りに強い状態性を示すことができるので、(5-46)のように補語的に使われることもある[77]。ただし、この使い方としてはあくまで二音節

語が選択されることになる。

　"絶頂"は頂点に達する程度性を表わすから、普通それに見合う内容を持つ被修飾語を求めることになる。それで、使用範囲が非常に狭い。たとえば、"聡明絶頂(非常に聡明だ)"は言えるが、"暴躁絶頂(非常に苛立つ)""美好絶頂(非常に美しい)""快乐絶頂(非常に楽しい)"というと、言いすぎるきらいがあり、やや不自然な感じを受ける。

　張亜軍2002では"非常""万分"と"絶頂""透頂(～極まる)""絶伦(類がない)"を比較している。"非常""万分""絶頂"は全く同じ構文的機能を持っており、いずれも程度が高いことを表わすが、ただ"万分"は通常、"高興(喜ぶ)""激动(感動する)""感激(感謝する)""惊喜(驚喜する)""欣喜(喜ばしい)""感慨(感慨深い)""悲痛(悲しむ)""痛苦(苦しむ)""气恼(怒る)""窘迫(窮迫する)""危急(切羽詰まる)""焦急(いらいらしている)""焦虑(焦る)""失望(失望する)""委屈(不満だ)""紧张(緊張する)""惊恐(驚き恐れる)"などの人間の心理状態を表わす形容詞と共起する。構文の位置から見れば、"絶伦""透頂"は前置的修飾に用いられず、後置的修飾をする時には"万分""絶頂"と類似していると指摘している[78]。

　"非常""异常""无比""万分""絶頂"などは(5-43)(5-45)のように、連体修飾構造にも用いられ、被修飾語と共に連体修飾語としての機能を持つ。その他、(5-41)のように被修飾語と共に連用修飾語としての機能も持っている。ただし、補語として後置的修飾に用いられることが圧倒的に多いと考えられる。

　このように、この五語はそのままで被修飾語に対し後置的修飾の機能を果たし、甚大な程度性を表わすことができるという点では、共起語句を必要とする"很""極"とは違っている。

2.3. 後置的用法の限界

　程度副詞の後置的用法は、前置的用法と比べれば、使用領域や修飾の範囲などがはるかに狭い。また構文の制限も厳しい。たとえば、

(5-48) 这个方法{很／极／非常／?异常／?无比／??万分／*绝顶}解决问题。(この方法は問題を解決するのに大いに役立つ)

(5-49) 这个办法解决问题{??得很／*极了／*非常／*异常／*无比／*万分／*绝顶}。(「この方法は問題を解決するのに大いに役立つ」の意)

などのように、前置的用法において共起できる"解决问题"という動詞＋目的語からなったフレーズは、後置的用法においては修飾されにくくなる。なぜなら、程度副詞とそのフレーズを統括する動詞の間に目的語があり、その動詞に対する修飾の機能がそれによって遮断されているからである。と同時に、このフレーズの後部は開放的ではないとも考えられる。

また、

(5-50) 很吃了一些。(たくさん食べた)

(5-51) *吃得很了一些。

のように、"很"は動作動詞を量的語句と共起すれば修飾できるが、後置的用法ではそれを修飾できなくなる。この場合は、量的語句がいつも後に来ることとも関係しているのであろう。

一方、"极"は、

(5-52) ??极积极。

(5-53) ??积极极了。

のように、前置的修飾にも後置的修飾にも共起しにくい場合がある。
　"非常""異常"は、二音節語にはよく馴染むというものの、

(5-54)　她的能力{非常／??異常}一般。(彼女の能力はごく普通だ)

(5-55)　两个人的見解{非常／?異常}一致。(二人の見解は一緒だ)

(5-56)　*她的能力一般{非常／異常}。

(5-57)　*两个人的見解一致{非常／異常}。

のように、"一般""一致"などを後部から修飾することはできない。また、"異常"は文字通りに異常だという意味を表わすので、前置的修飾の場合にも"非常"より修飾の範囲が狭いと見られる。
　このように、この七語はそれぞれ文法上、機能上の限界があり、様々な制限を受けていると考えられる。

2.4. 後置的用法の意義と役割

　前置的用法の場合は、発話者(あるいは執筆者＝以下同じ)は社会通念を一つの基準として、事象の判断を行うことになる。即ち、誰にでも容易に認知される「社会的な基準」[79]によって、事象の程度性を評価するということである。この基準は人によって認知の差異はあるが、客観的な評価尺度として社会的に広く認知されたものと考えられる。この基準には基点から極点にかけての「価値判断軸」が鮮明に設定されてあり、相互間の程度の差も容易に想定されている。そしてこの基準によって行われる前置的修飾は、絶対的な性格[80]があり、話者の冷静な判断を示すものと考えられる。
　それに対し、後置的用法の場合は、発話者の「個人的な基準」によって、

事象の程度性を意図的に強調することが多い。言い換えれば、前置的修飾時の程度性は、話し手と聞き手が同じ認識に基づくものであり、常識的な程度修飾の方法であるが、後置的修飾時の程度性は、明らかに発話者個人の感情によって左右され、意識的に主観的に強調されることがある。後者の場合は、発話者の個人的な感情を込めており、常識的な程度性を特殊なものとして強調し、最大限に自分なりの評価を行うことになる[81]。前置的修飾と後置的修飾の根本的な違いは、この二つの基準による違いがあると考えられる。したがって、"很""极""非常""异常""无比""万分""绝顶"は前置的修飾か後置的修飾かによって程度性が違ってくるのである。

　後置的修飾は、特別に程度性を強調する修辞法として、個人的な基準による程度評価を行う場合に用いられる。"很""极""非常""异常""无比""万分""绝顶"の七語は前置的修飾に用いられても、強い程度性を言い表わしてはいるが、発話者の心情によってさらにその程度性を強調しようとする場合には、後置的修飾の用法になることになる。後置的修飾はこの意味で、前置的修飾と区別され、被修飾語の後に置かれることによって、その程度の特殊性が端的に強調されることになる。これが後置的修飾の目的と意義であると考えられる。従来の研究における、後置的修飾時の程度性が高いという認識の原点はここにあるのではないかと考えている。そして、程度の小さいことを表わす程度副詞が後置的修飾に用いられないというのは、そもそもその程度性が低くて微小なものであり、後置的修飾にあたって誇大されるのに必要な強い程度性を持っていないからである。

　このように考えると、後置的修飾に用いられる程度副詞は強い程度性を持っているからこそ、後置的修飾語としての機能が付与される性質があるものと言える。

　中国語では、事象の程度性を強調するには、様々な修辞法や表現法などがある。たとえば、普通、"十分"は充足した程度性を示し、発話者の

満足した気持ちを込めているわけであるが、しかし、使われているうちに弱化し、人によってはその程度性が足りないと判断されて、それ以上の程度性を強調しようとする時には、"十分"の代わりに"十二分(十二分)"などを用いることになる[82]。そして、後者も同じく程度性が不十分だとされると、"万分(甚だしい)""万万分(甚だしい)"というような最大級の程度修飾語が登場する場合もしばしばある。これらは人によって感情的にあるいは主観的に強調されるものだが、実際には"十分"の意味しか示さない。つまり、"十二分"や"万分""万万分"などはいずれも最大級の程度修飾語だけれども、ただ強調的表現に用いられ、"十分"の意味を強調するだけである。言うまでもなく、これらは発話者の個人的な感情が込められた表現である。

　そして、これまで述べてきた前置的修飾と後置的修飾との関係もこのように成り立っている。後置的修飾によって示される程度性は、話し手の感情に左右されることになるので、前置的用法とは違っている。

3.　まとめ

　程度副詞の後置的用法は、その前置的用法の不足を補って、程度評価に取捨選択するサポートを提供し、発話者の意図によって強い程度性を強調することができる。後置的修飾の役割は、常識的な評価基準を超えて、発話者の主観的感情を端的に強調するものである。よって、程度表現上、前置的用法と同じように重要な意義を有しており、それとは相互補完的に存在し、程度表現の一翼を担っている。ただし、構文上様々な制限を受けており、使用範囲と意味領域は前置的用法よりずっと狭く、文体的にも限界があるものと考えられる。

属性\程度副詞	前置的用法	後置的用法	連体修飾構造	書き言葉	話し言葉
太	○	×	×	△	○
忒	○	×	×	×	○
过于	○	×	×	○	△
极	○	△	○	○	△
极了	×	○	○	○	○
极其	○	×	×	○	×
极为	○	×	×	○	×
非常	○	○	○	○	△
异常	○	○	○	○	×
颇	○	×	×	○	×
颇为	○	×	×	○	×
其	○	×	×	○	×
其为	○	×	×	○	×
十分	○	○	○	○	○
万分	○	○	○	○	△
相当	○	×	×	○	○
特别	○	×	×	○	○
很	○	○	○	○	○
好	○	×	×	×	○
怪	○	×	×	×	○
蛮	○	×	×	×	○
挺	○	×	×	×	○

第五章　被修飾語への後置的修飾　179

比较	○	×	×	○	○
较	○	×	×	○	×
较比	○	×	×	○	×
较为	○	×	×	○	×
更	○	×	×	○	○
更加	○	×	×	○	×
更为	○	×	×	○	×
更其	○	×	×	○	×
最	○	×	×	○	○
最为	○	×	×	○	×
最其	○	×	×	○	×
顶	○	×	×	×	○
无比	○	○	○	○	×
绝顶	○	○	○	○	×
稍微	○	×	×	○	○
略微	○	×	×	○	○
多少	○	×	×	○	○
稍	○	×	×	○	△
稍稍	○	×	×	○	×
稍为	○	×	×	○	×
稍许	○	×	×	○	×
略	○	×	×	○	×
略略	○	×	×	○	×
微微	○	×	×	○	×
些微	○	×	×	○	×

終　章
結　論

　以上の考察により、中国語の程度副詞は様々な文法的特徴を持っており、それぞれの程度副詞は互いに多くの共通点と相違点を持っていることを確認した。本研究の結論として、大体以下のようにまとめることができる。

1.　程度配置の方法

　中国語の程度表現はそれぞれ、程度の大きいことを表わす程度副詞と程度の小さいことを表わす程度副詞によって担われている。程度の大きいことを表わす程度副詞は非特定的比較を表わすものと、特定的比較を表わすものとに大別することができる。非特定的比較を表わす程度副詞は、一つの事象の程度性を修飾し、他の事象との比較は視野に入れないが、特定的比較を表わす程度副詞は、二つまたは二つ以上の事象を取り上げて、その程度の比較を行う機能がある。両者はいずれも量的語句と共起し、状態における量性を修飾することもできる。非特定的比較を表わす程度副詞は、量的語句と共起して量的修飾構造を作る場合にも、他の事象との比較を視野に入れず、一つの事象の程度性への相対的な評価を与えるのに対し、特定的比較を表わす程度副詞は、量的語句と共起することによって、二つの事象の程度性への比較に用いられ、相対的な比較・相対的な評価・相対的な予測などを強調する。

一方、程度の小さいことを表わす程度副詞は、非特定的比較と特定的比較に用いられ、一つの事象の程度性も二つの事象の程度性も修飾することができる。単一の事象を取り上げる場合は、非特定的比較における程度の大きいことを表わす程度副詞の対極に位置し、程度の小さいことを強調するが、二つの事象を取り上げる場合は、比較の視野を持つという点では、特定的比較における程度の大きいことを表わす程度副詞と共通している。ただこの場合は比較を視野に入れる事象の程度の小さいことを表わすだけである。その非特定的比較と特定的比較を表わす用法は、程度の大きいことを表わす程度副詞の各々の用法に対応し、それと対立した関係を表わすことになる。程度の小さいことを表わす程度副詞は、状態の程度性と動作の量性をいずれも修飾することができるが、ただ話者の残念な気持ちや不満さを表わすだけに止まり、相対的な比較・相対的な評価・相対的な予測などには用いられないのである。

2. 肯定命題と否定命題への修飾

程度の大きいことを表わす程度副詞は、肯定命題と否定命題を共に修飾することができる。非特定的比較を表わす程度副詞は、肯定の状態・否定の状態を修飾の対象とすることができるが、特定的比較を表わす程度副詞は、肯定命題と否定命題を修飾できるという点では、非特定的比較を表わす程度副詞とほぼ同じである。ただし、否定命題を修飾する場合は、その肯定命題を修飾する時に用いられる比較構文には用いられなくなる。この点では肯定命題を修飾する場合とは大きく違っている。それで、否定命題は比較構文以外の文法的形式を確保してこそ、はじめて修飾することができると言える。だが、程度の大きいことを表わすほとんどの程度副詞は否定命題を修飾する機能が付与されており、否定の状態の程度性を強調することができる。

程度の小さいことを表わす程度副詞は、否定命題を修飾できるものも

あるが、その大多数は否定命題を修飾する機能が付与されていない。この点は程度の大きいことを表わす程度副詞とは対照的である。程度の小さいことを表わす程度副詞は、共起語句を取ることにより、状態量や動作量のいずれも修飾し、その状態・動作を支配することもできるが、その代わりに、否定命題を視野に入れることはできない。肯定命題がなければ、これらの程度副詞は状態・動作などを修飾する文法的機能が果たせないことになる。この点では程度の大きいことを表わす程度副詞と区別される。

3. 被修飾語の原形と重ね型への修飾

　程度の大きいことを表わす程度副詞は、主として被修飾語の原形を修飾することになり、被修飾語の重ね型に対しては、修飾することができない。非特定的比較を表わす程度副詞は、程度の大きいことを表わすから、被修飾語の原形を修飾するだけに止まり、その重ね型を修飾する効力が持たれない。重ね型は原形の意味と程度性を強調したものとして、文法的機能も拡張されている。それで、非特定的比較を表わす程度副詞はその拡張された文法的機能を把握することができない。一方、特定的比較を表わす程度副詞は、程度の大きいことを表わすとはいうものの、相対的な程度性を強調することから、重ね型を修飾することも許容されるが、ただし、現段階ではまだ普遍的な文法的機能にまで拡張されているとは言えない。原形を修飾する用法と照らせば、重ね型への修飾は極めて限定された用法なのではなかろうかと考えられる。

　程度の小さいことを表わす程度副詞は、様々な重ね型を捉えることができ、普遍的な文法的機能として確立されているという点では、程度の大きいことを表わす程度副詞と違っている。ＡＢＡＢ式の重ね型を修飾することのできる程度副詞は動作の量性・動作の試行を強調するのに対し、他の重ね型を修飾することのできる程度副詞は、状態の程度性と描

写性を端的に強調する。程度の小さいことを表わす程度副詞は、原形の程度性とその重ね型の様々な程度性をいずれも修飾することができるから、各種の状態への細かな描写と様々な程度性への修飾を浮き彫りにすることができる。これは中国語の程度表現の一つの著しい特徴である。

4. 前置的修飾と後置的修飾の関係

　程度の大きいことを表わす程度副詞は、非特定的比較を表わすものでも、特定的比較を表わすものでも、前置的修飾の機能を持っている。肯定命題と否定命題はいずれも前置的修飾によって、はじめてその機能を発揮することができる。また、被修飾語の原形とその重ね型も前置的修飾によって把握しなくてはならない。程度の大きいことを表わし、非特定的比較に用いられる程度副詞は後置的修飾の機能も付与されており、ある状態に対しては、前置的修飾も後置的修飾もできる。後置的修飾は話者自身の基準による程度の強調に用いられ、前置的修飾では表現できない程度性も強調することができるから、程度表現の一翼を担っているものと思われる。それに対し、程度の大きいことを表わし、特定的比較に用いられる程度副詞は、後置的修飾の機能が付与されておらず、話者自身の基準による程度の強調には用いることができない。

　一方、程度の小さいことを表わす程度副詞は、前置的修飾の機能しか付与されておらず、後置的修飾の機能は付与されていない。非特定的比較と特定的比較を共に表わせるものの、話者自身の基準による程度の強調には用いられず、後置的修飾に必要な強い程度性をも備えていないから、後置的修飾の機能が付与されていないのである。話者自身の基準による程度の強調を表わせることと、強い程度性を持つことは、後置的修飾の機能が付与されることの必要な前提だと言わなければならない。後置的修飾は前置的修飾によって実現できない強意表現を作るために付与された非常に重要な文法的機能だと考えられる。ただし、前置的修飾は

中国語の程度表現の普遍的機能であり、最も基本的な程度修飾の方法でもある。被修飾語への様々な把握は主として前置的修飾によって行われることになる。

5. 動態と静態への修飾

　程度の大きいことを表わす程度副詞は、動態の描写に用いられる語もあるが、体系的な観点から考えれば、静態の描写に用いられる傾向があり、状態の程度性についても状態と動作の量性についても、それらをあくまで描写するだけに止める。単独で被修飾語を修飾する場合は、状態の程度性を修飾することになるが、量的語句と共起する場合は状態の量性と動作の量性を修飾することになる。また、他の程度副詞と共起して複合的な修飾構造を成す場合にも、状態の描写に限られるのみである。どの場合でも、静態への描写を主としている。これは程度の大きいことを表わす程度副詞の基本的な文法的特徴と考えられる。この点では、非特定的比較を表わす程度副詞も特定的比較を表わす程度副詞も一致した傾向を具備していることが観測される。

　程度の小さいことを表わす程度副詞は、静態を修飾することも動態を修飾することもできる。特にこれからある動作を行うことを求める時、その動作を意図的に支配することもできるし、また、その動作に含まれる量の調節も行うことができる。さらには同一動作に対し、その時間・数量・回数・頻度のいずれも規定することが可能である。したがって、中国語では、程度の大きいことを表わす程度副詞は主として静的描写に用いられるが、程度の小さいことを表わす程度副詞は、静的描写と動的描写のいずれにも用いられると言える。そして、程度の小さいことを表わす程度副詞は、小さな程度性・少ない量性を表わすからこそ、被修飾語への多様な修飾の機能が付与されているのである。

6. 程度修飾と量的修飾の相違

　程度副詞の否定命題と被修飾語の重ね型への修飾と修飾語どうしの共起による修飾及び被修飾語への後置的修飾は、一言で言えば、被修飾語への程度修飾であるが、程度副詞と量的語句との共起による修飾は、被修飾語への量的修飾である。前者は状態に含まれる程度性を修飾することによって、程度の大小を強調することになるが、後者は状態・動作に含まれる量性を修飾することによって、その状態・動作が持続した時間の長短や、それらが内包している数量の多寡、及びそれらの展開に必要とされる規模の大小などを強調することになる。程度修飾は静態を対象とするのに対し、量的修飾は静態と動態のいずれも対象とするが、量的修飾の機能は程度修飾の機能を基本として延長拡大されたものと考えられる。

　状態への程度修飾は「修飾語＋被修飾語」という構造か、または「被修飾語＋修飾語」という構造によって行われるわけだが、修飾語としての程度副詞はいずれもそのままで被修飾語に関わるという点では共通している。程度修飾はその主たる担い手となる程度副詞によって行われ、前置的にも後置的にも修飾語としての機能を果たすことができる。一方、状態・動作への量的修飾は、「程度副詞＋被修飾語＋量的語句」という構造によって、ある状態や動作を修飾することになり、程度副詞と量的語句との共起による被修飾語への修飾が主要な文法的特徴である。程度副詞と量的語句との共起によって、修飾構造全体は量的修飾の機能が付与され、状態・動作の持続した時間や動作が行われた回数及びその動作が関わる対象物の数などを端的に強調することができる。また、漠然とした数量・回数・時間量を修飾できるだけでなく、はっきりした確定的な数量・回数・時間量なども修飾することができる。とにかく、状態への程度修飾と状態・動作への量的修飾の機能はそれぞれ把握の対象を異にしているものの、程度表現を構成する二要素として非常に重要な役割を果たして

いるのである。

7. 被修飾語への複合的修飾

　程度の大きいことを表わす程度副詞と程度の小さいことを表わす程度副詞は、意味的には対立しているが、修飾語どうしとして複合的修飾構造を作ることができる。「大きい程度＋小さい程度」「小さい程度＋大きい程度」「大きい程度＋大きい程度」「小さい程度＋小さい程度」という構造が取れるように、程度副詞どうしは、複合的修飾語として同じセンテンスにおいて、同じ被修飾語に対する修飾の機能を果たすことが許容される。この点は、中国語の程度修飾の多様性と程度性と量性への調和の機能が反映されている。近似した程度性はもとより、全く異なる程度性をも整合されることから、中国語の程度表現は、単純な文法的形式によるものではなく、様々な文法的形式により多様化したものと考えることができる。

　複合的修飾構造は、異なった程度性と近似した程度性を調節することによって、事象に対する話者の様々な評価を表わすことができる。この複合的修飾構造は、程度性と量性との共起による調和のとれた修飾構造だとも言えるが、ただここでは描写性の強い状態だけを視野に入れており、動作・行為などを修飾の対象とすることはできない。程度副詞と量的語句との共起による修飾構造は状態だけでなく、動作・行為なども修飾し、さらにはこれから展開される動作・行為なども支配することができる。それに対し、この複合的修飾構造は、ある状態に対する話者の主観的な評価あるいは客観的な評価を表わし、しかもマイナス的評価を表わすだけである。前者はプラス的評価にもマイナス的評価にも用いられ、状態・動作への評価と支配のいずれにも機能するが、後者は状態だけを修飾し、ある状態へのマイナス的な評価形式として、婉曲的な程度表現・冷静な程度表現・微小な程度表現・不平不満な程度表現にも多用されて

いる。

　本研究は以上の考察により、現代中国語の程度副詞による程度表現の体系や程度副詞の各グループの文法的特徴等を把握するのに有益であり、また今後の程度副詞による程度表現のシステムへの認識やその他の文法的特徴の解明にも役立つものと考える。現代中国語の程度副詞には程度性と制御性が含まれているほか、さらに評価性も含まれている。そして、程度副詞の評価性と程度性と制御性の関係はどのようになっているのであろうか。まだまだ究明すべき課題も多くあることはいうまでもない。また、程度副詞の各グループの文法的特徴の他、各々の程度副詞の意味・用法についても考察していかなければならない。今後の研究の進展が期待される次第である。

終章　結論　189

属性＼程度副詞	一つの事象	二つの事象	三つの事象	肯定命題	否定命題	原形	重ね型	定量的修飾	不定量的修飾	複合的修飾	前置的修飾	後置的修飾	静態	動態
太	○	×	×	○	○	○	△	×	○	○	○	×	○	×
忒	○	×	×	○	○	○	×	×	○	○	○	×	○	×
过于	○	×	×	○	△	×	×	×	○	○	○	×	○	×
过	○	×	×	○	×	×	×	×	○	○	○	×	○	×
极	○	×	×	○	×	×	×	×	○	○	○	×	○	×
极其	○	×	×	○	×	○	×	×	○	○	○	×	○	×
极为	○	×	×	○	×	×	×	×	○	○	○	×	○	×
非常	○	×	×	○	×	○	×	×	○	○	○	×	○	×
异常	○	×	×	○	×	○	×	×	○	○	○	×	○	×
十分	○	×	×	○	×	○	×	×	○	○	○	×	○	×
万分	○	×	×	○	×	○	×	×	○	○	○	×	○	×
相当	○	×	×	○	×	○	×	×	×	○	×	○	×	
特別	○	×	×	×	×	○	×	×	○	○	○	×	○	○
很	○	×	×	○	×	×	×	×	○	○	○	×	○	×
好	○	×	×	○	×	○	×	×	○	○	○	×	○	×
老	○	×	×	○	×	○	×	×	○	○	○	×	○	×
颇	○	×	×	○	×	○	×	×	○	○	○	×	○	×
颇为	×	×	×	○	×	○	×	×	○	○	×	×	○	×
其	×	×	×	○	×	○	×	×	○	○	○	×	○	×
其为	×	×	×	○	×	○	×	×	○	○	○	×	○	×
挺	○	×	×	○	○	×	×	×	○	○	○	×	○	×
蛮	○	×	×	○	×	×	×	×	○	○	○	×	○	×
怪	○	×	×	○	×	○	×	×	○	○	○	×	○	×
有点	○	×	×	×	×	×	×	○	○	○	×	×	○	×
有些	○	○	×	○	×	×	×	○	○	○	×	×	○	×
最	×	×	○	×	×	○	○	×	×	○	×	○	○	×

顶	×	×	○	×	×	○	○	×	×	○	○	×	○	×
无比	○	×	×	○	×	○	×	×	×	×	○	○	○	×
绝顶	○	×	×	○	×	○	×	×	×	×	○	○	○	×
更	×	○	×	×	×	×	×	○	×	×	×	○	×	×
更加	×	○	×	×	×	○	×	○	×	○	○	×	○	×
更其	×	○	×	×	×	×	×	×	×	×	×	×	○	×
更为	×	○	×	×	×	○	△	×	×	×	×	×	○	×
较	×	○	×	×	×	×	×	×	×	×	×	×	○	×
比较	×	○	×	×	×	○	×	×	×	○	○	×	○	×
较比	×	○	×	×	×	×	×	×	×	×	×	×	○	×
较为	×	○	×	×	×	×	×	×	×	×	×	×	○	×
格外	×	○	×	×	○	○	×	×	×	○	×	○	○	×
越发	×	○	×	×	○	×	×	×	×	○	○	×	○	×
分外	×	○	×	×	×	○	△	×	×	○	○	×	○	×
愈加	×	○	×	×	×	○	×	×	×	○	○	×	○	×
还	×	○	×	×	×	×	×	×	×	×	×	×	○	×
再	○	×	×	×	×	×	×	×	×	○	○	×	○	○
稍微	○	○	×	×	×	×	×	×	×	×	×	×	○	○
略微	○	○	×	×	×	×	×	×	×	×	×	×	○	○
多少	○	○	×	×	×	×	×	×	×	×	×	×	○	○
稍	○	○	×	×	×	×	×	×	×	×	×	×	○	○
稍稍	○	○	×	×	×	×	×	×	×	×	×	×	○	○
稍为	○	○	×	×	×	×	×	×	×	×	×	×	○	○
稍许	○	○	×	×	×	×	×	×	×	×	×	×	○	○
略	○	○	×	×	×	×	×	×	×	×	×	×	○	△
略略	○	○	×	×	×	×	×	×	×	×	×	×	○	△
微微	○	○	×	×	×	×	×	×	×	×	○	×	○	△
些微	○	○	×	×	×	×	×	×	×	○	○	×	○	△

注　釈

1) "还"は多義的な副詞として、程度の大きいことを表わすことも、一定の程度を表わすこともできる。"还₁"はその程度の大きいことを表わす用法であり、"还₂"はその一定の程度性を表わす用法である。本研究では"还₁"の用法だけを考察し、"还₂"の用法については今後の課題とする。なお、表記の便宜上、以下"还₁"を"还"とする。
2) 程度副詞によって修飾されるのが形容詞であり、程度副詞によって修飾されないのが動詞であるとされる。詳しくは朱徳熙 1982、范晓 1996 などを参照されたい。
3) 前述の通り、"还"は多義的な副詞として"时间到了，他还不来(時間になったけど、彼はまだ来ない)"のように用いられることもあるが、これはその打ち消しを強調する用法であって、その程度を表わす用法ではないとする。
4) "稍微""略微""多少""微微""稍稍""略略"は"有点""有些"と共起する時、形容詞の否定形式を修飾することができる。たとえば、"他的表情稍微有点不自然(彼は少し不自然な表情をしている)""我多少有点不舒服(私は少し具合が悪い)"などがそれである。しかし、この六語は"有点""有些"と共起しない場合は、形容詞の否定形式を修飾することができない。
5) 非特定的比較を表わす程度副詞は、いつも一般的な非特定的な標準で事象を評価するので、"比"構文には用いることができない。
6) 特定的比較を表わす程度副詞には"比"構文に用いられるものがある。たとえば、"更""更加"は"比"構文において否定形式を修飾することができる。
7) たとえば、"通红(真っ赤だ)""崭新(真新しい)"のような形容詞は、それ自体に絶対的な程度性を含むから、程度副詞によって修飾されることができないのである。
8) 石毓智 2000 は程度副詞によって修飾される形容詞は、非定量形容詞とし、程度副詞によって修飾されない形容詞は定量形容詞としている。同氏は"美丽"を定量形容詞として分類し、程度副詞によって修飾されないとしている。詳しくは同書 p.120 を参照されたい。
9) "很"の中性的な意味を有する形容詞修飾の用法についてはさらに考察する必要がある。ここでは言及に止める。
10) "非谓形容词"とはそのままでは述語に立たない形容詞のことを指す中国語文法の品詞である。
11) "状态形容词"とは程度副詞によって修飾されない形容詞のことを指す中国語文法の品詞である。
12) 程度副詞は心理的活動を表わす動詞を修飾できるとされるが、しかし、すべての心理的活動を表わす動詞を修飾するわけではない。相対的な状態性と程度性

を持たなければ、心理的活動を表わす動詞であっても、程度副詞によって修飾される対象とはならない。この点ではA類とB類の動詞及び動詞的フレーズと鮮明な対照を成している。

13) 動詞的フレーズ自体に含まれるプラス的意味かマイナス的意味によってその否定形式が程度副詞によって修飾されるのかどうかが決まる。この点では、動詞的フレーズは動詞と一致している。
14) 熱病(悪性マラリア等)のもとになる山川の高温多湿の空気。
15) 侯学超 1998 では"很"は小さなことの方を指す形容詞しか修飾しないとし、"很不高"という言い方が成立しないと述べている。詳しくは同書 p.277 参照。
16) 同氏は"有点儿/很不长(長くない)""有点儿/很不短(短くない)"は成立しないとしている。詳しくは同 p.160 を参照されたい。
17) もちろん、この四つの程度副詞の間にも程度性の差はあるものの、基本的には一種としてまとめられる。
18) "有点""有些"と動詞の否定形式との関係については、改めて考察する必要がある。ここではただ体系の角度から簡略に述べることとする。
19) "更""更加"は"比"構文に用いられるが、否定命題を修飾する時、"比"構文には用いられない。"我比你更不知道了""我比你更加不知道了"等の言い方は成立しない。
20) 邢福义 2000 は"最"についての研究がある。詳しくは邢福义 2000 を参照されたい。
21) その負の方が"很"によって修飾される時、会話に使われても自然な感じを受ける。その正の方は"很"によっても修飾されるものの、会話に使われるとやや不自然な感じを受ける。この問題についてはより一層検討が必要である。
22) この問題については従来の研究では触れられていない。
23) 状態の中には程度性が含まれるし、また量性も含まれるが、動作の中には量性しか含まれず、程度性は含まれないと考えている。
24) 胡裕树・范晓 1995 では"忘""忘记""猜想""打算""企图""决心""认为""意图"などの動詞は"很"と共起しないと述べている。詳しくは同書 p.243 を参照されたい。つまり、これらの動詞はその肯定形式も程度副詞によって修飾されない。"很"は心理状態を表わす動詞を修飾できるとされているが、しかし、この考え方は適切だと言えない。"很"はすべての心理状態を表わす動詞を修飾できるわけではないと言わなければならない。
25) D類の動詞はA類・B類の動詞と同じであり、いずれも心理状態を表わすものだが、しかし、A類とB類の動詞はいずれも相対性を持っているのに対し、D類の動詞は相対性を持っていない。
26) 被修飾語の原形とは被修飾語の本来の形のことを指す。たとえば、形容詞の"冷""怪"などがそれである。
27) 被修飾語の重ね型とは被修飾語の重なった形のことを指す。たとえば、形容詞の"冷"の重ね型は"冷冷""冷清清""冷冷清清"などがある。
28) 詳しくは石毓智 1992《肯定与否定的対称与不対称》第五章を参照されたい。

29) 朱氏は主として文中における形容詞の重ね型の文法的機能について考察している。袁氏は依頼文と形容詞との関係を述べる際に重ね型に触れたものである。一方、董氏と卞氏は文法の角度や使用頻度の上でＡＡＢＢ式の重ね型について述べている。詳しくは諸氏の論文を参照されたい。
30) その中のＢは修飾語を指すが、Ａは形容詞を指す。結びつくと、〈Ｂ＋Ａ〉になり、即ち「修飾語＋形容詞」である。その重ね型はＢＡＢＡとなっている。もしそれをＡＢＡＢと呼ぶと、「形容詞＋修飾語」のように理解されやすい。《現代汉语八百词》1984と石毓智《肯定与否定的对称与不对称》1992で"笔直（真っ直ぐだ）""湛蓝（真っ青だ）"の重ね型をＢＡＢＡ式とされているのは妥当だと、筆者は考えている。
31) "石頭"は人名である。
32) 《现代汉语八百词》1984の記述によれば、"不叽"はマイナス的意味を持つが、ｒ化後、"不叽儿"はプラス的意味を持つとされている。詳しくは同書 p.639 を参照されたい。
33) この点については《现代汉语八百词》も触れている。
34) 2.1.～2.4.における形容詞は単音節語の重ね型であるが、2.5.～2.8.における形容詞は二音節語の重ね型である。
35) 動詞は試行の意味を表わす時によくＡＢＡＢの形で重ねられるが、ここでは動詞の用法に接近したと思われる形容詞のＡＢＡＢ式について述べているのであり、動詞の重ね型は取り上げないこととする。
36) "轻松""暖和"などは形容詞であり、動詞ではない。ただその重ね型は動的描写の機能を付与され、その用法が動詞に近似している。この点については郭紹虞 1979 にも記述がある。なお、日本語にも類似した例が見られる。たとえば、「静かだ」という形容動詞について、「ここは静かだ」という場合はその形容動詞としての用法であるが、しかし「静かに！」という場合は動詞に近似した用法だと考えられる。
37) この種類の形容詞は、絶対多数はマイナス的意味を持つ語あるいは中性的意味を持つ語であるが、ただプラス的意味を持つ語がある。たとえば、"崭新（真新しい）"がそれである。
38) "笔直（真っ直ぐだ）""崭新（真新しい）"は重ね型を取ってからも、"笔直笔直的路（真っ直ぐな道）""崭新崭新的衣服（真新しい服）"のように名詞を修飾できる。しかしＡＢＡＢ式はこの機能を付与されていない。たとえば"＊轻松轻松的时候""＊干净干净的房间"などの言い方は認められない。両者はいずれも語彙全体が重ねられるわけだが、その意味と構成が違うので、文法的属性と修飾機能も異なっている。前者は重ね型をとっても、形容詞としての性格を保っているが、後者は動詞に接近した用法を持っており、その原形のように名詞を修飾できなくなるのである。
39) "有点""有些"の他に、量的語句と共起できない程度副詞はその他の程度副詞とも共起できない。つまり、これらの程度副詞は量性を表わす程度副詞及びその他の語句と共起しないという点からも、ベクトルの性質を持つわけではな

いということが裏付けられる。"有点""有些"は他の程度副詞と共起できるものの、それ自体に含まれた量性は他の量的語句と共起しにくい。なお、程度副詞どうしの共起に関しては第四章を参照されたい。
40) 動作量を修飾する程度副詞は状態に含まれた時間量を修飾することができる。詳しくは 3.2.2. を参照されたい。
41) "稍微"と量的語句との共起に関しては、时卫国 1996・1998 に記述がある。
42) "*再坐了一会儿""*再尝了一块""*再安静了一些"などの言い方は成立しないと思われる。
43) "再"という副詞は特殊な用法があると筆者は考えている。その本来の意味は「反復する」ことであり、単独で動詞を修飾し、反復する動作の量性を表わすことができる。また量的語句と共起して動詞や形容詞を修飾することもできるが、ただ単独では形容詞を修飾できない。时卫国 2000a はこれについて記述がある。
44) 通常は "*特別吃一点""*特別快点""*特別高兴了一阵儿"などのようには表現されない。
45) 时卫国 2000b は "太"と量的語句との共起関係について考察している。それに拠れば、"太"は量的語句と共起する時、ただ度が過ぎることを表わすだけであり、極度は表わさないのである。
46) この種類の程度副詞は量的語句と共起して一つの量的修飾構造を作ることになる。この意味からいえば、量的語句は欠くことのできない拘束的なものである。
47) この種類の程度副詞についていえば、いわゆる量的語句は欠くことのできない拘束性がある。拘束性を持つ程度副詞はいずれも程度の小ささを表わすものである。その一部は固定形式のものであり、量的語句は絶対的な拘束性を有している。たとえば、"稍稍""略微""多少"などがそれである。この種類の程度副詞は半ば拘束的な程度副詞であるが、量的語句はもともと固定形式のはずだが、書き言葉として多用され、量的語句への依存度はそれほど大きくないので、量的語句とは共起したりしなかったりすることがある。また、それ自体の音節によることもあり、量的語句は省かれることがある。現段階では別にあらゆる場合に省かれるのではない。それで、この種類の程度副詞は非拘束的な程度副詞とも拘束的な程度副詞とも異なり、半ば束縛的な程度副詞に属するものと思われる。この種類の程度副詞は "稍""稍稍""略""略略""微微"などがある。
48) 前置性と後置性は共起構造に用いられる程度副詞の基本的な属性であるとされる。前置性と後置性の有無は程度副詞が共起構造に用いることができるかどうかに関わっている。ここでは言及するだけに止める。
49) ここでいう相関の程度副詞とは同じ共起構造に用いられるその他の程度副詞のことを指す。
50) 程度副詞を絶対的程度副詞と相対的程度副詞に二分類している研究者もいる。たとえば、王力 1954、马真 1988、周小兵 1995 などがそれである。詳しくは氏らの論を参照されたい。ただ程度副詞どうしの共起はこの分類とはあまり関係がないと筆者は考えている。

51) 一定の程度性を表わす程度副詞はあるが、前置的程度副詞にも後置的程度副詞にも用いられないので、ここでは取り上げないこととする。詳しくは第一章を参照されたい。
52) ここで述べる前置的程度副詞と後置的程度副詞は共起構造における程度副詞のことを指し、第五章で述べる後置的修飾に用いられる程度副詞とは意味が違っているので、区別すべきである。
53) "有点""有些"は"有+点""有+些"からなったものと思われる。本書では程度副詞としての形容詞・動詞修飾時の用法だけを取り上げ、「"有点"+名詞」「"有些"+名詞」などの用法は研究の対象としない。
54) 还"は程度副詞として使われる場合、"比"構文に用いられれば、"有点"と共起することができる。たとえば、"他比以前还有点自觉了。(彼は以前より少し自覚してきた)"。
55) "太+过"については2.4.で述べるので、参照されたい。
56) ただ"太""忒"という二語は消極的な評価に用いられるほか、積極的な評価にも用いられる。
57) "太+过"については2.4.で述べるので、参照されたい。
58) "有点/有些+稍微""有点/有些+略微""有点/有些+稍稍""有点/有些+略略""有点/有些+微微""有点/有些+稍""有点/有些+略"などの言い方は成立しないとされる。
59) B₁類程度副詞は量性がないため、量的語句と共起しなくてはならぬが、「B₁類程度副詞+B₂類程度副詞」という構造が取られる時には、B₂類程度副詞はその量的語句として用いられているとも理解される。
60) "有点"は"稍微""多少"などと共起して"稍微+有点""多少+有点"という構造が取られる場合は、"太"とは共起できない。つまり、程度副詞どうしの共起は二つの程度副詞の共起に止める。三つの程度副詞の共起はできない。
61) 普通は"*{稍微/略微/多少/微微}吃惊"という言い方はしない。"稍稍""略略"は直接形容詞を修飾することがあるが、ただ二音節語に限られる。"稍稍激动(少し興奮する)""略略吃惊(少し驚く)"のようには言えるが、"?? 稍稍红""?? 略略黑"のようには言えない。しかし、"了"と共起する時、"稍稍红了(少し赤くなった)""略略黑了(少し黒くなった)"のように表現できる。"了"は変化を表わし、使われる時、一つの音節が添加されるのに相当し、修飾語と被修飾語が音節上の均衡を取れるようにする。"稍""略"も形容詞を直接修飾するが、単音節語しか修飾できない。たとえば"稍红(少し赤い)""略黑(少し黒い)"などがそれである。しかし、"*稍吃惊""*略激动"などのような言い方は行われない。ここから考えると、前置的副詞は種類が多様であり、特色が各々違っている。
62) "{稍微/略微/多少}红一点(少し赤い)"とは言えるが、"*{稍微/略微/多少}有点红一点"とは言えない。
63) この点については张亚军2002も述べている。つまり、"最很好""极很好""很比较好""太稍微好"などのような言い方は成立しないという観点である。詳

しくは同氏 p. 161 参照。
64) この二語は大きな程度をも表わす"太""忒"と異なり、過度の意味だけを表わす。
65) ここでいう前置的修飾と後置的修飾とは同じ程度副詞の前置的修飾と後置的修飾の機能のことを指す。第四章で考察した共起構造に用いられる前置的程度副詞と後置的程度副詞の修飾の機能とは違っている。
66) なお、後置的修飾に使われるものには"好得好(ずっと良い)""多得多(ずっと多い)""闷得慌(鬱陶しい)"のように"好""多""慌"などがあるが、これらは程度副詞ではないと考えている。本研究では程度副詞だけを取り上げ、それ以外のものは除外する。
67) この点については、従来の研究と同じであるが、ただこれらの文献に出てこなかった"异常""无比""万分""绝顶"も、後置的修飾に用いられる程度副詞であることを強調したい。
68) 補語に立つ副詞として挙げた"其(甚だ)"は、古めかしい語感を有するから、現代語においては後置的修飾に立つという用法はほとんど見られず、その用法を示す例文は一例も見つかっていない。ただ課題としてこの用法に留意する必要があると思う。
69) 非特定的比較を表わす程度副詞と、特定的比較を表わす程度副詞と、特定的比較と非特定的比較とを共に表わす程度副詞については第一章でも述べているので、参照されたい。
70) 张亚军 2002 も"最""太""相当""格外""比较""更""越发""稍""稍微""略""有点儿"などは後置的修飾に用いられないとしている(同 p. 132 参照)。
71) 张国宪 2006 でも"很""极"が後置的修飾に用いられる時には程度性が高いと述べているが、ただその後置的修飾の用法については少し触れているだけにすぎず、詳しい考察は行われていない。詳しくは张国宪 2006 を参照されたい。
72) この点については史有为 1994 でも述べられている。詳しくは史氏の論文を参照されたい。
73) 前置的修飾の場合は一音節語はもとより、二音節語も修飾することができる。
74) 本研究でいう後置的用法に相当する。
75) 本研究でいう前置的用法に相当する。
76) 「被修飾語+修飾語」という構造の被修飾語の後部のことを指す。
77) "非常""异常""无比""万分""绝顶"という五語はそれ自体に強い状態性を含んでいるという点では、"很""极"と違っている。
78) 张亚军 2002 ではその構文的機能と意味により、"绝顶"を程度副詞、"透顶""绝伦"を准程度副詞と分類されている。詳しくは同 p. 135 を参照されたい。
79) なお、「社会的な基準」と後述する「個人的な基準」に関しては、时卫国 2009 でも述べているので、ここでは簡単に触れるだけに止める。
80) 従来の研究では、"极""非常""异常""很"のような程度副詞は"絶対的程度副詞"として分類されている。詳しくは王力 1954、马真 1988、周小兵 1995 を参照されたい。

81) 七語は、共起条件がそれぞれ違い、文体的にも異なるものの、後置的修飾の場合はいずれも前置的修飾の場合より程度性が高いという点ではほぼ共通している。
82) 程度副詞の弱化現象については時衛国 2009 で述べているので、参照されたい。なお、この点については、黄盛璋 1957 では触れられており、程度副詞は使われているうちに弱化するという観点である。

● 初出一覧

〈"有点"与形容词重叠性〉　《河北大学学报》第二期（人文科学）　河北大学学报编集委员会　1998年6月　pp. 27-34

〈程度副詞の後置的修飾について〉　『語学教育研究論叢』16号　大東文化大学語学教育研究所　1999年3月　pp. 87-102

〈论程度副词连用〉　『中国語学』246号　日本中国語学会編集委員会　1999年10月　pp. 40-46

〈程度副词与量性成分的共现关系〉　『現代中国語研究』第三期　現代中国語研究編集委員会　2001年10月　pp. 82-90

〈程度副词与形容词的否定形式〉　『愛知教育大学共通科目研究交流誌　教養と教育』第3号　愛知教育大学共通科目委員会　2003年3月　pp. 23-31

〈程度副词与动词的否定形式〉　『愛知教育大学研究報告』53号（人文・社会科学編）　2004年3月　pp. 111-116

● 参考文献

安藤好惠　1994　〈"有点儿"と"比較"について〉　『お茶の水女子大学中国文学会報』第十三号

北京大学中文系1955・1957级语言班编　1982　《现代汉语虚词例释》　商务印书馆

北京语言学院语言教学研究所编　1992　《现代汉语补语研究资料》　北京语言学院出版社

程美珍　1988　〈受"有点儿"修饰的词语的褒贬义〉　《世界汉语教学》第3期

陈　光　1997　〈现代汉语双音动词和形容词的特别重叠式—兼论基本重叠式的类化作用与功能渗透—〉　《汉语学习》第3期

陈　平　1988　〈论现代汉语时间系统的三元结构〉　《中国语文》第6期

陈　群　1999　〈说"越来越A"〉　《汉语学习》第2期

陈望道　1978　《文法简论》　上海教育出版社

成戸浩嗣　2009　『トコロ(空間)表現をめぐる日中対照研究』　好文出版

晁継周　1997　〈程度副词"怪"用法的演变〉　《庆祝中国社会科学院语言研究所建所四十五周年学术论文集》（中国语文编辑部编）　商务印书馆

大島吉郎　1982　〈比較表現における程度副詞－"还"と"更"について－〉　『人文論叢』11号　大阪市立大学

大島潤子　1997　〈程度副詞"比較"の意味分析〉　『中国語学』244号　日本中国語学会

大島潤子　1998　〈日本語と中国語の比較を表わす程度副詞をめぐって－「もっと」と「更」－〉　『国文目白』37号　日本女子大学

町田茂　1994　〈感情形容詞の特質〉　『中国語学』241号　日本中国語学会
范继淹・饶长溶　1964　〈再谈动词结构前加程度修饰〉　《中国语文》第2期
范方莲　1983　〈关于程度副词的几个问题〉　《语法研究和探索》　商务印书馆
范　晓　1998　《三个平面的语法观》　北京语言文化大学出版社
高更生・谭德姿・王立廷　1984　〈现代汉语资料分题选编(上・下)》　山东教育出版社
髙橋弥守彦　2002a　「中国語形容詞の分類」　『外国語学会誌』No.31　大東文化大学外国語学会
髙橋弥守彦　2002b　「文成分について」　『大東文化大学紀要』第40号〈人文科学〉
髙橋弥守彦　2006　「時間副詞について」　『語学教育研究論叢』第23号　大東文化大学語学教育研究所
高永奇　1999　〈感叹句中"多么""太"的语义句法语用分析〉　《殷都学刊》第1期
郭绍虞　1979　《语法修辞新探》　商务印书馆
侯学超　1998　《现代汉语虚词词典》　北京大学出版社
胡裕树主编　1982　《现代汉语参考资料》(上册・下册)　上海教育出版社
胡裕树主编　1986　《现代汉语》(修订本)　上海教育出版社
胡裕树・范晓　1995　《动词研究》　河南大学出版社
贺　阳　1994　〈"程度副词＋有＋名"试析〉　《汉语学习》第2期
黄盛璋　1957　〈谈程度副词〉　《语文学习》第4期
姜汇川・许皓光・刘延新・宋凤英编　1989　《现代汉语虚词分类实用词典》　对外贸易教育出版社
赖先纲　1994　〈副词的连用问题〉　《汉语学习》第2期
黎锦熙　1954　《新著国文法》　商务印书馆
李临定　1986　《现代汉语句型》　商务印书馆
劉綺紋　2006　『中国語のアスペクトとモダリティ』　大阪大学出版会
刘颂浩　1993　〈程度副词"怪"用法的一点补充〉　《汉语学习》第3期
刘月华　1989　《汉语语法论集》　现代出版社
卢福波　2004　《对外汉语教学语法研究》　北京语言文化大学
卢英顺　1997　〈现代汉语词类二题〉　《汉语学习》第5期
陆俭明　1980　〈"程度副词＋形容词＋的"一类结构的语法性质〉　《语言教学与研究》第2期
陆俭明　1993　《现代汉语句法论》　商务印书馆
陆俭明・马真　1985　《现代汉语虚词散论》　北京大学出版社
吕叔湘・朱德熙　1954　《语法修辞讲话》　中国青年出版社1979版
吕叔湘　1956　《中国文法要略》　商务印书馆

吕叔湘　1965　〈语文札记〉　《中国语文》第5期
吕叔湘・饶长溶　1981　〈试论非谓形容词〉　《中国语文》第2期
吕叔湘主编　1984　《现代汉语八百词》　商务印书馆
吕叔湘　1985　〈疑问・否定・肯定〉　《中国语文》第4期
马清华　1986　〈现代汉语的委婉否定形式〉　《中国语文》第6期
马清华　1997　〈汉语单音形容词二叠式程度意义的制约分析〉　《语言研究》第2期
马庆株　1992　《汉语动词和动词性结构》　北京语言学院出版社
马　真　1984　〈关于表示程度浅的副词"还"〉　《中国语文》第3期
马　真　1985　〈"稍微"和"多少"〉　《语言教学与研究》第2期
马　真　1986a　〈"比"字句内比较项Y的替换规律试探〉　《中国语文》第2期
马　真　1986b　〈"很不"补说〉　《语言教学与研究》第6期
马　真　1988　〈程度副词在表示程度比较句式中的分布状况考察〉　《世界汉语教学》第2期
马　真　1989　〈说副词"有一点儿"〉　《世界汉语教学》第4期
马　真　1991　〈普通话里的程度副词"很""怪""挺""老"〉　《汉语学习》第2期
马　真・陆俭明　1997a　〈形容词作结果补语情况考察（一）〉　《汉语学习》第1期
马　真・陆俭明　1997b　〈形容词作结果补语情况考察（二）〉　《汉语学习》第4期
孟　琮・郑怀德・孟庆海・蔡文兰编　1987　《动词用法词典》　上海辞书出版社
齐春红　2007　《现代汉语语气副词研究》　云南出版集团云南人民出版社
饶继庭　1961　〈「很」+动词构造〉　《中国语文》第8期
杉村博文　1999　〈形容詞と程度〉　『中国語』4月号　内山書店
沈家煊　2001　〈跟副词"还"有关的两个句式〉　《中国语文》第6期
沈开木　1984　〈"不"的否定范围和否定中心的探索〉　《中国语文》第6期
石安石　1958　〈汉语副词是实词还是虚词?〉　《文史哲》第10期　山东大学
石毓智　1992　《肯定与否定的对称与不对称》　台湾学生书局
石毓智　1996　〈试论汉语的句法重叠〉　《语言研究》第2期
时卫国　1996　〈稍微+形容词+呼应成分〉　《山东大学学报》第3期
时卫国　1998　〈"稍微"+动词+呼应成分〉　《枣庄师院学报》第4期
时卫国　2000a　〈"再"的意义和用法〉　『富山大学人文学部紀要』32号
时卫国　2000b　〈关于程度副词"太"的一些问题〉　『富山大学人文学部紀要』33号
時衛国　2009　『中国語と日本語における程度副詞の対照研究』　風間書房
史彤岚　2008　『动作行为形状与结果的表达方式研究』　好文出版
水野義道　1984　〈「更gèng」と「もっと」をめぐって〉　『日本語と中国語の対照研究』9号
帅宝春　1999　〈说"太A了一点"〉　《汉语学习》第6期

宋玉珂　1980　〈程度副词"最"和"很"的用法〉　《杭大学报》第1期
陶然・萧良・岳中・张志东编　1995　《现代汉语虚词词典》　中国国际广播出版社
王福祥　2009　『中国語談話言語学概論』　（高橋弥守彦・続三義訳）　白帝社
王　力　1954　《中国现代语法》　中华书局
王松茂主编　1983　《汉语语法研究参考资料》　中国社会科学出版社
王学群　2007　『中国語の"着"に関する研究』　白帝社
王自强　1984　《现代汉语虚词用法小词典》　上海辞书出版社
吴　川　2005　『オノマトペを中心とした中日対照言語研究』　白帝社
夏齐富　1996　〈程度副词再分类试探〉　《安庆师院社会科学学报》第3期
相原茂　1979　〈"很不"＋形容词〉　『中国語学』223号　日本中国語学会
邢福义　1962　〈关于副词修饰副词〉　《中国语文》第5期
邢福义　1985　〈"越X，越Y"句式〉　《中国语文》第3期
邢福义　1995　〈"更"字复句〉　《中国语言学报》第5期　中国语言学会
邢福义　1998　《汉语语法学》　东北师范大学出版社
徐晶凝　1998　〈关于程度副词的对外汉语教学〉　《南开学报》第5期
楊　達　1997　〈程度副詞の教え方について〉　『中国語学』244号
药　进　1990　〈比較副詞「更」「还」「再」の意味分析〉　『教学』13号　日中学院出版局
殷志平　1995　〈"X比Y还W"的两种功能〉　《中国语文》第2期
于奉知　1998　〈"更"字句的语义、语用分析〉　《汉语学习》第1期
袁毓林　1993　《现代汉语祈使句研究》　北京大学出版社
原由起子　2002　『中国語における修飾の様相』　東方書店
讃井唯允　1996　〈動量補語の語彙および分布の歴史的変遷〉　『人文学報』273号　東京都立大学
讃井唯允　1998　〈中国語形容詞の連体修飾用法－汉语形容词作定语－〉　『人文学報』292号　東京都立大学
张国安　1995　〈关于副词修饰名词问题〉　《汉语学习》第6期
张国宪　1995　〈论单价形容词〉　《语言研究》第1期
张国宪　2006　《现代汉语形容词功能与认知研究》　商务印书馆
张桂宾　1995　〈相对程度副词和绝对程度副词〉　《华东师范大学学报》第2期
张　静　1961　〈论汉语副词的范围〉　《中国语文》第8期
张　静　1986　《新编现代汉语》　上海教育出版社
张维耿　1993　〈"很少"与"很多"〉　《汉语学习》第6期
张亚军　2002　《副词与限定描状功能》　安徽教育出版社
张谊生　2000　《现代汉语副词研究》　学林出版社

张谊生　2004　《现代汉语虚词探索》　学林出版社
张谊生　2007　〈程度副词对状态形容词的二次计量与主观赋量〉　《现代中国语研究》第9期
章纪孝・水野义道　1984　〈汉语"更"和日语"もっと"〉　《语言教学与研究》第1期
郑怀德・孟庆海编　1991　《形容词用法词典》　湖南出版社
郑庆君　1997　〈说说汉语的"很"话〉　《汉语学习》第5期
中桐典子　1997　〈"比"構文における"更""还"〉　『お茶の水女子大学中国文学会報』第16号
中国社会科学院语言研究所现代汉语研究室编　1987　《句型和动词》　语文出版社
中国社会科学院语言研究所词典编辑室编　1997　《现代汉语词典》(修订本)　商务印书馆
中国语文杂志社编　1992　《语法研究和探索(六)》　语文出版社
周国光　1994　〈程度词的语义功能及其定量刻划〉　《九十年代的语法思考》　北京语言学院出版社
周明强　1998　〈"好不ΛP"、"好ΛP"中的ΛP〉　《汉语学习》第1期
周时挺　1988　〈也说"很不"〉　《语言教学与研究》第4期
周小兵　1992　〈试析"不太A"〉　《语法研究与探索(六)》　语文出版社
周小兵　1995a　〈论现代汉语的程度副词〉　《中国语文》第2期
周小兵　1995b　〈"够＋形容词"的句式〉　《汉语学习》第6期
朱德熙　1956　《现代汉语形容词研究》　商务印书馆
朱德熙　1997　《语法讲义》　商务印书馆

〔一般言語学関係の参考文献〕

秋元実治　2002　『文法化とイディオム化』　ひつじ書房
池上嘉彦　1975　『意味論』大修館書店
石綿敏雄　1999　『現代言語理論と格』　ひつじ書房
風間喜代三・上野善道・松村一登・町田健　2000　『言語学』　東京大学出版会
河上誓作編　1996　『認知言語学の基礎』　研究社
岸本秀樹　2005　『統語関係と文法関係』　くろしお出版
国広哲弥　1982　『意味論の方法』　大修館書店
児玉徳美　2002　『意味論の対象と方法』　くろしお出版
近藤健二　2005　『言語類型の起源と系譜』　松柏社
柴谷方良・影山太郎・田守育啓　1982　『言語の構造─理論と分析─』(意味・統語編)　くろしお出版
田窪行則・稲田俊明・中島平三・外池滋生・福井直樹　＜言語の科学6＞『生成文法』　岩

波書店

田島毓堂(代表者)　2003〜2010　『語彙研究』創刊号〜8号　語彙研究会

田島毓堂編　2004〜2006　『比較語彙研究の試み』(11〜15)　語彙研究会

時枝誠記　1957　『国語学原論』　岩波書店

中村　捷　1996　『束縛関係―代用表現と移動―』　ひつじ書房

服部四郎　1984　『言語学の方法』　岩波書店

松本泰丈　2006　『連語論と統語論』　至文堂

松本祐治・今井邦彦・田窪行則・橋田浩一・郡司隆男　＜言語の科学1＞『言語の科学入門』　岩波書店

山梨正明　2000　『認知言語学原理』　くろしお出版

山梨正明　2004　『言葉の認知空間』　開拓社

山森良枝　2006　『日本語の限量表現の研究―量化と前提の諸相―』　風間書房

由本陽子　岸本秀樹編　2009　『語彙の意味と文法』　くろしお出版

渡辺　明　2009　『生成文法』　東京大学出版会

B. Comrie 1989 Language Universals and Linguistic Typology (松本克己・山本秀樹訳　ひつじ書房　2001)

N. Chomsky 1957 Syntactic Structures (勇康雄訳　研究社出版　1963)

N. Chomsky 1965 Aspects of the Theory of Syntax (安井稔訳　研究社出版　1970)

索引
〔50音順〕

あ

相原茂　23
意志性　84
一定の程度性　31
意味領域　23,24,39,135,177
袁毓林　69
大島潤子　101
大島吉郎　101

か

書き言葉　36,44,45,81,133,137,144,
　148,164,165,167,168,170
郭継懋　23
岳俊発　157
確定的な状態　121
確定的な程度性　41
重ね型　15,16,29,65,66,67,68,70,71,
　72,74,75,76,78,80,81,83,84,90,91,93,
　94,95,183,184
過度評価　120
強意表現　184
共起構造　130,131,132,139,140,142,
　144,147,150,151
共起語句　173,183
共起条件　161
共起制限　159
共起範囲　167

極端な程度性　29,41,169
原形　15,22,65,74,75,78,88,89,91,93,
　94,95,183,184
侯学超　45
黄盛璋　158
後置性　128
後置的修飾　15,16,17,130,132,157,
　158,159,160,161,162,164,165,166,
　170,172,173,175,176,177,184
後置的程度副詞　131,132,133,135,
　136,137,141,142,145,146,148,151
後置的用法　157,158,173,174,175
肯定形式　26,28,29,31,33,43,44,49,
　50,51,52,54,57,58,59,60,61
肯定命題　17,21,61,182,183,184
黄伯栄　157
個人的な標準　175,176

さ

最高の程度性　44,46,103,133,146
时卫国　101,129
時間的語句　108,111
時間量　104,110,111,112,113,118,120,
　186
社会的な標準　175
史有為　157,158,167
周时挺　23

周小兵　101
修飾語　15,21,51,70,79,90,128,157,
　162,163,170,186
修飾構造　15,121,122,150,185,186,
　187
修飾範囲　39,43,44,55,56,67,68,95,
　135,136,146,151
朱德熙　69,70,157
受容領域　49,50,52,54,56,57,58,59,
　60,61,164
饶继庭　101
承後性　131,132,141,142,147,148,164
承前性　132,141,142,147,148,152,164
状態形容詞　29,67,68
状態性　49,65,78,80,82,84,88,89,172
状態の程度性　15,21,155,182,185
状態量　103,104,108,111,115,116,117,
　119,121,123,183
使用範囲　36,78,81,94,159,173,177
使用領域　167,177
小量　139,144
少量　41,115,120,121,123,133,139,
　141,144
徐静凝　101
帅宝春　101
数量　104,110,111,112,118,120,186
数量的語句　108,111,112
杉村博文　158
制御性　84,85,104,111,113,115,117,
　118,119,121,150,151,188
静態　123,124,185,186
静的描写　85,95,185

石毓智　23,67,69
絶対的な状態　28,48,62
絶対的な程度性　89,90,94,103
前置性　127
前置的修飾　15,16,17,157,158,161,
　162,165,167,170,173,175,176,177,
　184,185
前置的程度副詞　131,132,133,135,
　136,137,142,146,148
前置的用法　157,158,174,175
宋玉珂　101
相対的な状態　27,28,48,49
相対的な状態性　28,31,62
相対的な程度性　26,28,29,31,41,42,
　43,62
相対的な比較　48,120,181,182
相対的な評価　181,182
相対的な予測　181,182

た
多量　115,120,121,122,123,139
大量　139
武信彰　23
短時間量　115,121
中間的状態　54
中性的な意味　54,56,72,75
張亚军　67,129,139,144,147,158,173
張贵宾　101
張谊生　67,69
張国宪　42,45
長時間量　115,121
程度誇示　17

程度修飾　18,28,29,31,33,49,50,52,
　54,56,57,58,59,60,61,70,90,91,163,
　164,177,185,186,187
程度性　15,16,17,18,21,25,26,28,29,
　31,32,34,35,36,41,42,43,44,46,47,
　48,49,51,52,53,54,55,56,57,58,59,
　61,62,65,74,78,79,80,82,83,84,87,
　88,89,90,91,94,95,99,100,102,103,
　120,124,127,133,135,136,137,140,
　145,146,149,150,151,152,158,159,
　161,162,165,170,173,175,176,177,
　181,182,183,184,185,187,188
程度の大小　11
程度評価　33,41,43,55,62,110,142,
　151,177
程度表現　11,12,14,15,18,71,100,
　130,140,146,151,152,159,161,177
程度副詞　11,12,13,14,15,16,17,18,
　21,23,24,25,26,27,28,29,30,31,32,
　33,37,38,39,41,42,43,44,47,48,49,
　50,51,53,56,57,58,59,60,61,62,65,
　66,67,68,70,71,74,79,90,91,94,95,
　96,99,101,102,103,104,105,106,107,
　108,109,110,111,112,113,116,120,
　121,123,124,127,128,129,130,131,
　132,133,135,136,137,139,140,141,
　142,146,147,148,149,150,151,152,
　155,157,158,159,160,161,164,165,
　166,169,173,174,176,177,181,182,
　183,184,185,186,187,188
程度副詞どうし　15,16,128,129,
　130,131,145,151,187

定量形容詞　67
定量的語句　105,106,115,122
動作量　103,104,111,115,116,117,119,
　121,122,123,183
動詞的フレーズ　21,23,24,29,32,33,
　35,43,44,47,48,57,62,100
董樹人　69
動態　123,124,185,186
動的描写　84,95,185
特定的修飾　32
特定的な程度修飾　54
特定的な程度性　46,56
特定的比較　12,13,14,25,28,31,
　44,47,48,56,57,58,59,61,62,91,
　133,159,160,161,181,182,183,
　184,185

は

马真　23,42,101
話し言葉　38,44,45,80,81,133,137,
　145,148,165,167,170
反復量　120
非謂形容詞　29
被修飾語　15,16,17,21,23,26,34,38,
　49,50,51,62,65,66,70,79,92,93,94,
　99,101,102,111,130,132,136,137,
　139,140,145,150,155,157,160,162,
　163,165,168,169,170,173,176,185,
　186
否定形式　21,22,23,24,26,28,29,
　32,33,34,35,36,37,40,41,42,43,44,
　45,46,48,49,50,51,52,53,54,55,56,

57,58,59,60,61,62
否定の状態　15
否定命題　15,16,17,21,23,24,25,26,
　62,182,183,184,186
非定量形容詞　67
非特定的修飾　28,32
非特定的比較　12,13,14,25,28,31,32,
　33,43,44,56,57,58,59,61,62,133,159,
　160,161,181,182,183,184,185
評価形式　43,120,121,123
評価性　188
評価態度　121
表現形式　152
描写性　74,78,81,82,84,88,89,104,
　115,151,152,183,187
複合的修飾　15,127,187
不定量的語句　105,107,108,121
プラス的意味　28,31,32,43,49,51,52,
　54,56,57,58,59,60,61,62,74,75,83,84,
　85,87,140,145,146
プラス的評価　145,187
文法的意味　41,54,66
文法的環境　46,92
文法的関係　21,24,101,165
文法的機能　15,17,18,23,25,35,67,
　123,137,150,151,160,183,184
文法的形式　187
文法的構造　93,101,152,160,161
文法的性格　23,159,166
文法的制限　162
文法的性質　119
文法的属性　21

文法的特徴　21,23,56,57,91,150,181,
　185,186,188
文法的要素　165
卜覚非　69

ま

マイナス的意味　29,31,43,51,52,53,
　54,56,58,59,60,61,62,72,75,81,82,83,
　85,87,88
マイナス的色彩　74,139,140
マイナス的評価　81,145,187
松村文芳　101

や

杨从洁　129

ら

赖先刚　129
李宇明　23
陆俭明　101
刘月华　157
廖序东　157
量性　15,16,21,60,61,68,99,100,102,
　103,111,119,120,121,123,124,151,
　152,181,182,183,186,187
量的語句　12,14,15,93,99,100,101,
　102,103,105,106,107,108,110,111,
　115,120,122,123,146,151,174,181,
　185,186,187
量的修飾　15,16,31,49,60,101,102,
　120,186
量的修飾構造　181

量的評価形式　121
量の多寡　11
累加の程度性　45,120,133,146
連体修飾語　35,150,158,167,168,169,
　173
連体修飾構造　35,46,56,65,92,150,
　167,173
連用修飾語　155,158,167,169,173
呂叔湘　23,41,101,129,157,158

A

ＡＡ式　68,69,70,71,72,78,93,94
ＡＢＢ式　66,68,69,70,71,75,76,79,94
ＡＢＣ式　68,69,70,71,79,94
ＡＸＹＺ式　69,70,71,80,94
Ａ里ＡＢ式　69,70,71,81,83,94
ＡＢＡＢ式　66,69,70,71,83,84,94,
　95,183
ＡＡＢＢ式　69,70,71,84,85,86,89,91,
　94
A類の程度副詞　130,131,132,133,
　137,141,146,150,151
A1類の程度副詞　146,147,148,149,
　152
A11類の程度副詞　148,152
A12類の程度副詞　148,152
A2類の程度副詞　146,147,149,152

B

ＢＡ式　69
ＢＡＡ式　69
ＢＡＢＡ式　69,70,71,89,90,94,95
B類の程度副詞　130,131,132,133,
　137,141,142,149,150,151
B1類程度副詞　142,144,146,151,152
B2類程度副詞　142,144,151,152

あとがき

　本研究は中国語の程度副詞についての著者の長年の研究を発展させて著書としてまとめたものであります。中国語の程度副詞については、個々の程度副詞の意味・用法について具体的な考察と微視的な分析を行うことは必要ですが、本研究のような程度副詞の意味・用法及びその文法的性格や特徴などに対する巨視的な分析も非常に重要だと考えています。大局的な考察と巨視的な分析によって、程度表現システムにおける程度副詞のそれぞれの役割やその位置付け及び程度副詞相互の共通点と相違点などを把握することができるからであります。そして、これまでの長年の継続的研究をさらに発展させて、体系的に考察した上でまとめたのが本研究であります。

　本研究の一部は大学院在学中にすでに発表しています。大学院時代、国文学専攻に在籍していた筆者は、国文学関係と中国文学関係の図書・資料等を最大限に利用させていただいていました。また、小林賢次、荻野綱男の両先生をはじめとする国文学研究室の先生方、慶谷壽信、讚井唯允の両先生をはじめとする中国文学研究室の先生方及び院生の皆様に一方ならぬお世話になりました。この機会を借りて、厚くお礼を申し上げます。

　筆者の中国における大学の学部時代にも多くの優れた先生の教えをいただくことができました。中でも、筆者の研究に対し、非常に大きな刺激と励ましを与えてくださったのが、加治工真市、菊川國夫の両先生でありました。加治工先生は当時入手し難い服部四郎氏の『言語学の方法』と渡辺実氏の『国語構文論』を直接贈ってくださり、言語の普遍性と一般性について教えてくださいました。菊川先生は日本語の文法や表現などについて、いつも詳細な説明をしてくださり、先生の山東大学教員宿舎や上京時のホテルでの問答は深更に及ぶことも稀ではありませんでし

た。ここで両先生に心から感謝の意を表する次第であります。

　筆者の三十年近くの研究生活の中で、数えきれないほどの方々にお世話になりました。特に、杜宇、盛玉麒、王際周、趙傑、岡田安代、佐藤富士雄、高橋弥守彦、田島毓堂、田村紀雄、中鉢雅量、波多野太郎の諸先生に励ましと配慮を賜りました。ここに深く感謝の意を表します。

　日常生活の中においては、家族の愛が常に心の支えとなってくれました。家内は教鞭を執る傍ら、家事を切り盛りしてくれ、また、全力で支えてくれました。家内、長男、長女との四人家族で楽しく過ごすことができたことは、筆者の研究生活の原動力となっています。

　本研究の日本語の表現や中国語文の日本語訳については、今回も菊川國夫先生にチェックをお願い致しました。菊川先生は書道家としてもご多忙な中、筆者の研究をいつも心温かく見守ってくださっています。先生のご指導に対し、心から感謝申し上げます。

　本研究の出版に際し、株式会社白帝社の佐藤多賀子編集長に多大なご協力をいただきました。また原稿の校正の段階では十時真紀さんにお世話になりました。ここにお礼を申し上げます。

　最後に、本研究が、日本における中国語の教育・文法研究に少しでも役立つことがあれば、これに過ぎたる喜びはありません。諸賢のご批正・ご教示を乞う次第であります。

2011 年 10 月

　　　　　　　　　　　　　　　　　　　著者　中京の邁進斎にて

【著者略歴】

時衛国（SHI WEIGUO / ジ エイコク）

1962年9月鳶都生まれ
山東大学外国言語文学部卒業
東京都立大学大学院人文科学研究科博士課程終了
論文博士の学位取得(文学・東京都立大学 2001)
現在　国立大学法人 愛知教育大学教育学部准教授(大学院担当)
　　　山東大学客員教授
　　　北京大学比較言語学領域博士課程指導グループメンバー
　　　中国翻訳協会専門家会員
専攻　中国語学
主要受賞　第2回中日対照言語学賞(カシオ学術賞)著作賞受賞2010
　　　　公益信託田島毓堂語彙研究基金学術賞(田島毓堂賞)受賞2010
主要著書　『中国語と日本語における程度副詞の対照研究』風間書房
　　　　2009
主要訳書　『冬虹』(津村節子著)中国文聯出版社 1995
　　　　『残雪』(立原正秋著)山東文芸出版社 2004
　　　　『能剧世家』(立原正秋著)山東文芸出版社 2004

中国語の程度表現の体系的研究

2011年11月1日　初版発行

　著　者　　時衛国
　発行者　　佐藤康夫
　発行所　（株）白　帝　社
　　　　　〒171-0014　東京都豊島区池袋 2-65-1
　　　　　電話　03-3986-3271
　　　　　FAX　03-3986-3272（営業部）
　　　　　　　　03-3986-8892（編集部）
　　　　　http://www.hakuteisha.co.jp/

印刷／大倉印刷　　製本／若林製本所

Printed in Japan〈検印省略〉　　　　ISBN 978-4-86398-067-9